이제는
똘똘한
아파트
한 채가
답이다

이제는 똑똑한 아파트 한 채가 답이다

김경필 지음

원앤원북스

주택 구입에 대해 확신이 없는 2030세대

집값이 너무 올랐는데 앞으로 꼭 집을 사야만 하는 걸까?

내 월급으로 도시에 아파트를 사는 게 가능하기는 할까?

인구가 줄어든다는데 나중에 집값이 폭락하는 건 아닐까?

내집마련을 어떻게 해야 할지 고민인 3040세대

일반 아파트 청약으로 신규분양에 도전하는 게 나을까?

내집마련 전략, 언제 어떤 방법으로 세우는 게 좋을까?

대출은 어떤 방법으로 얼마나 받고 언제 상환해야 할까?

더 나은 집으로 옮기고 싶은 4050세대

미래 주택 가격은 무엇에 영향을 받고 어떤 원리로 결정될까?

지금보다 더 나은 프리미엄 지역으로 이사 가는 게 좋을까?

여러 주택 중 다 팔고 단 하나만 남겨야 한다면 무엇을 남길까?

대한민국에서
'똑똑한 아파트 하나'란 무엇인가

내집마련,
부동산정책 속에 답이 있다

통계청에 따르면 2017년 말 기준 우리나라 전체 가구 수의 44%는 무주택 가구다. 인구 증가는 정체기에 접어들었지만 1인 가구의 폭발적인 증가와 노령층의 경제활동 증가로 주택을 필요로 하는 가구는 계속 늘어나고 있다. 가구 수가 늘어나면 그만큼 집에 대한 실수요도 늘어난다. 거기에 이미 집을 보유한 사람들까지도 집을 더 사려는 경우가 생겨나면서 그동안 집값은 다른 자산가격에 비해 가파른 상승세를 보여왔다. 앞으로도 이런 흐름은 크게 달라지지 않을 것이다. 이것이 국토면적의 16.7%에 불과한

도시지역에 전체 인구 중 무려 92%가 살아가야 하는 대한민국의 숙명이다(2018년 국토교통부).

2017년부터 다시 시작된 집값 폭등을 잡기 위해 문재인 정부는 같은 해 8·2 대책과 이듬해 9·13 대책, 2019년 12·16 대책에 이르기까지 3년도 안 되는 기간 동안 무려 18번이나 부동산대책을 쏟아냈다. 그럼에도 불구하고 집값은 상승세를 계속 유지해왔다. 급기야 강력한 대출 규제로 사회주의적인 반시장 정책이라는 비판을 받는 12·16 대책까지 내놓고 나서야 상승세가 겨우 진정되는 국면이다.

그렇다면 그동안 지속적인 부동산 규제에도 불구하고 주택 가격 상승세가 쉽게 꺾이지 않았던 이유는 무엇일까? 이런 규제들은 아이러니하게도 되레 시장에서의 집값 상승압력이 그만큼 강하다는 반증으로 해석되어왔기 때문이다. 이것이 시장심리다. 시장은 당분간 냉각기가 유지될 것이다. 하지만 경제성장률이 개선되어 금리를 현실적으로 크게 올릴 수 있는 상황이 되지 못한다면, 현재의 시장심리에서는 단지 규제만을 가지고 시장을 누르는 것에 한계가 생길 수밖에 없다.

더군다나 시장원칙에 어긋날 정도로 지나치게 강력한 정책들이 나왔다는 것은, 자칫 사유재산 보호와 시장경제를 원칙으로 하는 자본주의 국가에서 집값 상승을 막기 위해 나올 수 있는 모든 카드가 다 나온 것이라는 의미로 받아들여질 수도 있기 때문이다.

그렇다면 앞으로 집을 사야 하는 사람들은 어떻게 해야 할까? 12·16 부동산 대책의 핵심은 크게 4가지로 정리할 수 있다. ① 강력한 대출 규제, ② 다주택자 보유세 강화, ③ 청약 당첨요건 강화, ④ 양도소득세 강화가 그것이다. 이 12·16 부동산 종합대책 속에 바로 그 해답이 있다. 결국 이런 규제정책의 목적은 우리나라 주택 보유자 중 15.5%인 211만 명에 달하는 2주택 이상자들이 설 자리가 앞으로 아예 없도록 하겠다는 것이다. 이것은 다주택 보유자들의 주택 수익률을 감소시켜 실수요가 아닌 투기수요를 차단하겠다는 뜻이다.

이런 규제정책은 단 한 채를 보유한 사람들의 반사이익이 지금과 비교해 상대적으로 커지게 하는 결과를 가져온다. 물론 한 채를 가진 사람이라도 보유세와 양도소득세는 다주택자들처럼 증가하겠지만, 결국은 한 채를 보유한 사람들에게 적용되는 기존의 큰 혜택(1장 참고)과 더불어 앞으로도 한 채에 대한 주택 수익률은 상대적으로 더욱 좋아질 것이다.

'똘똘한 아파트 한 채'란 다주택자에게 가해지는 불이익을 피하면서 미래에 그 가치가 보장되는 블루칩과도 같은 아파트를 말한다. 사실 '똘똘한 한 채가 답이다!'라는 명제는 재테크 분야에서 아주 오래된 공식이다.

똘똘한 아파트를 외면했던
위험은 실로 크다

서울에서 35년간 초등학교 교사로 근무하다가 6년 전 희망퇴직 후 노후생활을 하고 있는 김희숙 선생님(66세, 주부). 김 선생님은 현재 경기도 광주시에 165㎡(50평) 아파트에 거주하고 있으며, 이 아파트 외에도 경기도 용인시에 112㎡(34평) 아파트를 한 채 더 보유하고 있다. 그녀가 2주택자가 된 것은 2005년 막내아들이 대학에 진학하자마자 거주 중이었던 서울시 송파구 106㎡(32평) 아파트 한 채를 팔고, 돈을 좀 더 보태 외곽에 아파트 2채를 마련했기 때문이다.

그녀는 막내의 교육이 마무리되었으니 굳이 서울에서 좁은 아파트에 살기보다는 외곽에 넓은 아파트 2채를 보유하기로 했다. 하나는 거주용이고, 또 하나는 월세를 받아 일석이조의 효과를 보겠다는 생각이었다. 그녀는 이 계획을 행동에 옮기기 위해 즉시 집을 팔았다. 그렇다면 그녀는 당시 결정에 대해 어떤 평가를 하고 있을까? 직접 물어보자 곤란한 질문이라며 손사래를 쳤다.

"똘똘한 1주택을 쪼개서 2주택으로 갈아탄 거지, 바보같이."

그녀의 말에서 지금 가진 2채의 아파트보다 기존에 팔아버린 한 채에 대한 아쉬움이 느껴졌다.

김 선생님이 과거에 보유했던 서울 아파트와 현재 가지고 있는 아파트 2채의 가격을 알아보았다.

구분		2005년	2019년 6월	비고
매도	서울 H아파트	3억 4천만 원	12억 1천만 원	▲8억 7천만 원
매입	경기 광주 H아파트	2억 8천만 원	3억 1천만 원	▲3천만 원
	경기 용인 J아파트	2억 3천만 원 (1억 7천만 원 추가 투자)	4억 7천만 원	▲7천만 원 (추가 투자 제외)

　　과거에 보유했던 집은 지난 15년간 8억 7천만 원이 상승했다. 반면 새로 구입한 아파트는 같은 기간 추가로 투자한 1억 7천만 원을 제외한다면 고작 1억 원이 올랐다. 결과론적인 이야기지만 경제적으로 7억 원이 넘게 손실이 난 셈이다. 그러니까 김 선생님에게 '똑똑한 아파트 한 채'를 지키지 못한 대가는 실로 엄청나게 컸다.

똑똑한 한 채를
선택하기 위한 큰 방향

　　　　이 사례를 통해 2000년대 들어서 어떤 주택이 '똑똑한 한 채'로 진화했는지 그 특징을 알 수 있다. 우선 외곽보다는 도심 아파트의 가격 상승률이 훨씬 높았다. 또 대형평형보다는 중형평형의 상승률이 높았다.

지금으로부터 약 33년 전인 1987년, 필자의 부모님은 서울에 작은 연립주택을 팔고 대출을 받아서라도 목동에 새로 짓는 아파트를 사야 하는지를 놓고 심각한 고민에 빠지셨다. 지금 목동은 서울의 인기 있는 주거지 중 한 곳이지만, 1987년의 목동은 서울 변두리 지역이었다. 당시 고등학생이었던 필자가 이렇다 할 조언을 할 수 없었지만, 어머니는 한 달이 넘게 고민한 끝에 목동 아파트 분양을 포기해버리셨다. 당시 목동 아파트의 신규 분양가는 3,500만 원, 부모님이 보유한 연립주택은 약 2천만 원 정도였다. 형편이 넉넉지 않았던 부모님에게 새로운 대출 1,500만 원과 이자는 큰 부담이었던 것이다.

하지만 주택을 상위 레벨로 갈아타지 못한 결과는 두고두고 아쉬움으로 남았다. 목동 아파트의 현재 가격은 13억 원이 훌쩍 넘으니 두 주택의 현재 가치는 그때와 비교 자체가 안 된다. 부모님은 분명 목동 아파트가 연립주택보다 더 똑똑한 한 채가 될 것을 아셨을 테다. 그러나 집을 자산이 아닌 그저 주거 개념으로만 생각해버려 재산이 커질 기회를 놓친 것이다.

이 사례를 통해서 단독주택보다는 공동주택, 그중에서도 연립주택 같은 소규모 단지보다 대단지의 아파트가 훨씬 더 높게 상승해 왔음을 알 수 있다. 따라서 똑똑한 1주택이란 말은 '똑똑한 아파트 하나'라는 결론을 내릴 수 있다.

똑똑한 한 채의 둘째 방향
③ 단독주택보다 공동주택
④ 연립주택보다 아파트

그렇다면 이런 현상은 왜 일어나는 것일까? 또한 앞으로도 계속 이 현상은 지속될 것인가?

필자는 2011년 한 공개강연에서 10년 안에 서울의 일부 아파트는 평당 5천만 원을 넘을 수도 있을 것이라고 말했다가 곤혹을 치른 적이 있다. 강연 이후 몇몇 사람들이 근거 없는 주장이라며 찾아와 항의를 했기 때문이다. 필자는 사람들의 관심을 끌기 위해 폭탄 발언을 하거나 그저 촉이나 감으로 그런 주장을 한 것이 절대 아니었다. 이 책의 4장에서 자세히 설명하겠지만 대한민국의 특수한 경제 환경과 경제학적인 논거에 따른 주장이었다.

그러나 세월이 흘러 필자의 주장은 예상보다 훨씬 더 빨리 현실이 되고 말았다. 일반인들에게는 평생을 힘들게 모은 목돈이 들어가는 내집마련, 아직도 그것이 그저 비바람을 막아주고 먹고 자고 생활하는 단순 주거지를 구하는 일에 불과하다고 생각하는가? 지난 30년의 시간은 절대 그렇지 않음을 말해주고 있다. 지금 은퇴를 맞이한 사람들의 경제 사정은 과거 자신의 소득수준에 걸맞게 제대로 된 1주택에 집중했던 사람들과 그러지 못한 사람들 사이에 극명한 차이가 난다. 단언컨대 앞으로도 대한민국에서 내집을 마련한다는 것은 일반인이 할 수 있는 가장 큰 재테크이자 평생을 힘들게 번 돈을 가장 안전하게 지키는 방법이 될 것이다.

김경필

 **차례**

PART 1

똑똑한 아파트 한 채, 절대 '넘사벽'이 아니다

재테크 베스트셀러의 저자는 진짜로 재테크에 성공했을까

얼마 전 한 공기업의 신입사원 연수교육에서 강연을 하게 되었다. 주로 '직장인 월급 관리와 재테크'를 강연 주제로 하는데 항상 질문을 받고 답변하는 시간을 따로 가진다. 사실 이런 강연에서 나오는 질문은 대개 비슷한 것들이 많다. 예를 들면 이런 것이다.

"저축을 해야 할까요? 아니면 대출을 먼저 갚아야 할까요?"

"집을 꼭 사야만 하나요? 산다면 언제쯤 사는 게 좋을까요?"

"안전하게 주식 투자를 하는 방법은 없을까요?"

이번에도 대체로 이런 질문들이 나올 거라고 예상했지만 의외의 질문이 나왔다. 한 신입사원이 손을 번쩍 들고 이렇게 물었다.

"강사님은 어떤 재테크를 하셨나요? 그리고 성공하셨나요?"

질문이 나오자 강연장 곳곳에서 웃음이 터져 나왔다. 심지어 박수를 치는 사람까지 있었다. 웃음과 박수는 자신들도 진짜 궁금했던 내용을 용기 있게 질문해준 신입사원에게 보내는 것이 확실해 보였다. 그 순간 이런 생각이 스쳤다.

'아, 사람들이 정말 궁금해 하는 건 따로 있었구나!'

그러고 보니 그동안 강연에서도, 또 앞서 출판한 4권의 책에서도 모두 필자가 조언하며 돕고 있던 사람들의 우수 사례와 성공 원칙들을 소개했지만 정작 필자에 관한 이야기는 언급한 적이 없었다. 질문자가 던진 "어떤 재테크를 했는가?"라는 물음보다 "성공했습니까?"라는 질문이 더 난감했다. 왜냐하면 성공의 기준이 주관적이고 모호하기 때문이다. 필자는 이렇게 답했다.

"성공했다기보다는 실패하진 않았다고 생각하고, 지금도 성공으로 나아가는 중입니다."

지금 생각해봐도 이 질문은 가장 핵심을 찌르는 좋은 질문이다. 이 질문을 계기로 지난 20년간 스스로의 돈 관리와 재테크가 어떠했는지 돌아보게 되었다. 그래서 이 책을 통해 필자의 재테크 경험을 말해보려고 한다. 이 책의 주제와 크게 관련은 없지만 부동산 투자만으로 재테크를 성공했다고 볼 수는 없기에 다른 투자 내용에 대해서도 같이 이야기해보겠다. 자산내용을 먼저 정리해보면 다음과 같다.

필자(49세 기혼)의 자산현황

직장생활과 프리랜서 생활을 합쳐 경제활동 23년 차

오피스텔 2억 7천만 원(대출 잔액 8,500만 원)	0억 0,000만 원
사례 ①	
S생명 주식	거의 처분하고 약간 남음
미국주식	0,000만 원
해외펀드	0,000만 원
사례 ②	
강남 아파트 19억 2천만 원(대출 1억 8천만 원)	17억 4천만 원
개인연금(투자형) 평가금액	0,000만 원
합계금액	순자산 00억 0,000만 원

재테크 성공 비결 ①
10년 후를 생각하는 판단력과 끈기

⋮

형편이 넉넉하지 않은 집에서 1남 2녀 중 막내로 태어난 필자는 결혼한 이후 줄곧 외벌이였다. 현재 자산현황을 살펴보면 솔직히 큰 부자라고 말하기는 어렵지만 그래도 맨손으로 시작한 것치고 나쁘지 않은 결과라고 생각한다. 현재 자산을 이뤄낸 중심에는 바로 '똘똘한 아파트'가 있었다. 나머지 자산들은 그 집을 바탕으로 새롭게 투자해 파생된 것이다. 결국 가장 중요한 역할을 한 것은 바로 집이다. 필자의 소득에 비해 무척이나 높은 수준의 집을 과감하게 샀던 것이 결과적으로 성공의 비결이 되었다.

필자는 어릴 적부터 부모님에게서 절약하는 자세와 돈 관리에 대해 많이 배웠다. 특히 나중에 돈을 벌게 되면 꼭 집을 사야 한다고 수없이 들어왔다. 돈이란 지금 내가 내리는 결정 하나에 따라 엄청난 차이가 생길 수 있으니, 결과를 생각하며 결정을 내려야 한다는 돈에 대한 관념도 그 과정에서 자리 잡았다. 세뇌에 가까운 학습 때문인지 필자는 실제로 직장을 잡고 돈을 벌기 시작하면서 '내집'이라는 제1의 선명한 목표를 남들보다 빨리 세울 수 있었다.

재테크에서의 첫 번째 성공은 사회 초년생 때로 거슬러 올라간다. 필자는 1990년대 후반 S그룹에 입사했다. 당시 신입사원은 한 달 넘게 합숙교육을 받은 후 원하는 근무회사를 1지망, 2지망, 3지망 순으로 지원하고, 자신이 속하게 될 회사로 발령받았다. 물론 무조건 원하는 대로 되지는 않았지만 그래도 1지망으로 어디를 쓸 것인가는 매우 중요한 결정이었다. 많은 사람들은 대부분 S물산이나 S전자를 1지망으로 지원했다. 하지만 필자는 고심 끝에 1지망으로 S생명에 지원했고 지원한 그대로 발령받았다. 필자가 그곳에 지원한 이유는 여러 가지 정황상 10년 내 그 회사가 상장을 추진하게 될 것이라 예상했기 때문이다. 만일 주식을 받을 수 있다면 좋은 재테크가 될 수 있겠다고 생각했다.

필자의 예상은 빗나가지 않았다. 입사 후 4년 만에 S생명 주식을 우리사주로 액면가 500원에 1,570주를 받았고, 2005년 상장되고 9년이 지난 2014년 대부분 처분했다. 투자금은 78만 5천 원(1,570주×500원)에 불과했다. 1주에 평균 13만 5천 원으로 매도했으니 불과 78만 원의 투자금을 가지고 15년 만에 무려 2억 1,195만 원(수익률 2만 7천%)이란 성과를 낸 것이다. 역시 재테크에는 판단력과 끈기, 그리고 인내의 시간이 필요하다는 것을 깨달았다. 이것이 필자의 첫 번째 재테크 성공 사례가 되었다.

재테크 성공 비결 ②
종잣돈 모으기와 내집마련

⋮

두 번째 성공 비결은 주택을 구입한 것이다. 우리나라에선 집을 잘 사는 것이 재테크의 성패를 좌우할 만큼 중요한 일이다. 이런 생각은 어릴 적부터 집 때문에 전전긍긍하신 부모님의 모습을 보며 깨달은 것이다. 그 생각은 틀리지 않았고 앞으로도 크게 바뀌지 않을 것이다.

필자의 입사 초기 월급은 각종 공제금액을 제외하고 약 155만 원 정도였다. 1990년대 후반에는 대기업이라도 신입사원의 연봉이 2천만 원밖에 안 되는 수준이었다. 매년 2~3%의 인플레이션을 감안하면 현재 화폐가치로 300만 원 정도라고 볼 수 있다. 필자는 매달 155만 원의 80%인 124만 원을 저축했다. 좀 황당한 수치일지 모르겠지만 입사 몇 달 전만 해도 학생이었던 사람이 집에서 해주는 밥을 먹으며 직장을 다닌다면 충분히 저축 가능한 금액이다. 처음부터 그렇게 했기 때문에 가능한 일이었다. 한번 소비를 늘리고 나면 그 이후에는 절대로 월급의 80%나 저축하지 못한다.

월 124만 원은 당시 이자율 6~7%로 매년 1,500만 원이란 목돈을 만들 수 있는 금액이었다. 처음엔 상당히 무리라고 생각되는 금액이었지만 특별한 지출이 나가지 않는 시기였기 때문에 저축을 더 많이 해야겠다고 다짐했다. 그런 다짐은 역시 목표가 있었기 때문에 가능했다. 필자의 제1의 목표는 다름 아닌 '내집마련'이었다. 월급이 아무리 올라가더라도 소비가 더 빨리 늘어나기 때문에 처음부터 저축률을 높여놓지 않으면 나중엔 월급이 올라도 사실상 저축하기 힘들게 된다. 이건 정말 중요한 원칙이다.

보통 결혼 후 10~15년이 지나면 월급이 올라도 교육비 부담 때문에 저축률은 겨우 10~20%에도 못 미친다. 맞벌이라고 해도 사정은 다르지 않다. 많이 벌면 그만큼 더 많이 소비하기 때문이다. 물론 필자 역시 매년 월급이 높아져도 계속 80%를 저축하지는 못했다. 하지만 자녀가 초등학교에 입학하기 전까지는 월급의 50% 이상을 저축했다. 결국 처음에 무리해서라도 저축률을 높게 잡았기 때문에 돈을 빨리 모을 수 있었다. 필자의 직장생활 연차별 저축률을 정리해보았다.

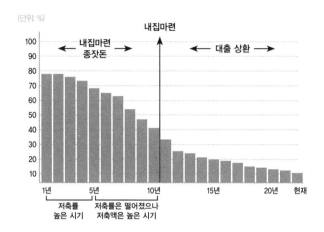

● 필자의 월급 대비 저축률 ●

(단위: %)

직장생활 1~5년 차가 저축률은 가장 높지만 그 이후 저축률은 떨어질 수밖에 없다. 왜냐하면 월급이 늘어나도 소비 비율이 그보다 더 빨리 늘어나기 때문이다. 그러나 5~10년 차의 월급이 더 높기 때문에 저축률이 낮아져도 저축금액은 적지 않다. 이렇게 모인 돈은 대부분 해마다 올라가는 전세자금으로 들어갔다. 남는 금액은 예금의 형태로 가지고 있었는데 드디어 2005년 5월, 필자는 10년 만에 재테크에 있어서 중요한 결단을 내리게 된다. 전세금과 예금, 부모님 지원금을 합한 3억 5천만 원에 대출을 더해 강남에 112㎡(34평) 아파트를 사기로 결심한 것이다.

당시 6억 9천만 원이었던 아파트는 2020년 기준 19억 2천만 원으로 2배 이상 올랐다. 하지만 그동안 원금상환과 이자, 그리고 높은 재산세까지 부담하며 마음고생은 이만저만이 아니었다. 그러나 결과적으로 보면 두 번째 재테크 성공 사례가 되었다.

지금이야 좋은 결정이었다는 소리를 듣지만 당시에는 이로 인해 3명의 여성에게 한동안 귀가 따갑게 잔소리를 들었다. 어머니, 장모님 그리고 아내였다. 당시 3억 원이 넘는 대출을 받는다는 건 강남 집값 상승에 대한 100% 확신이 없다면 불가능한, 도박과 다름없는 모험이었다. 이자만 매월 120만 원 넘게 내야 했기 때문이다. 하지만 평소 300만 원 가까이 저축하고 있었기 때문에 저축을 한다는 마음으로 이자를 내고 남는 금액은 원금을 상환하기로 마음먹었다. 그러니까 내집마련을 한 후에도 이전에 저축하던 금액을 고스란히 대출이자와 원금상환에 집중한 것이다. 처음에는 대출이자가 훨씬 많고 원금상환이 적었지만, 시간이 흘러 어느새 대출금액은 집값의 15% 아래로 떨어지게 되었다. 당시 주택 구입에 필요했던 자금 조달 비용은 다음과 같다.

2005년 5월 강남 아파트(112㎡) 구입자금

부모님 지원	4천만 원
전세금	1억 8천만 원 ┐ 저축으로 모은 돈(3억 1천만 원)
예적금	1억 3천만 원 ┘
은행대출	3억 6,500만 원

주택 구입 6억 9천만 원 + 취등록세 2,500만 원

어떻게 주변 사람들의 부정적인 시선을 뿌리치면서 이런 결단을 내릴 수 있었을까? 필자의 제1의 목표가 내집마련이다 보니 늘 주택시장에 관심을 갖고 여러 정보를 눈여겨보고 있었다. 2005년은 판교신도시 개발이 확정되고 공사가 시작된 초기였다. 대부분의 사람들은 수도권 대규모 주택 공급으로 집값이 안정될 거라고 생각했다. 이것은 주택시장을 수요와 공급의 논리로만 보는 시각으로, 집을 많이 지으면 집값이 오르지 않을 것이란 생각이다.

하지만 필자는 그렇게 생각하지 않았다. 경제학을 조금만 현실에 접목해본다면 답은 간단하다. 당시에도 전국의 주택보급률이 100%가 넘는다고 매년 발표되었는데 집값은 그와 무관하게 여전히 물가상승률보다 높았다.

모든 경제활동의 인프라가 서울에 집중되어 있는 상황에서 서울 외곽에 아무리 집을 많이 짓는다고 해도 서울 중심에 있는 주택과 똑같은 주택을 공급하는 것은 절대 아니다. 특히 2004년 10월에는 행정수도 이전 특별법에 대한 위헌 결정이 내려졌다. 그 뉴스를 보는 순간 당분간, 아니 꽤나 오랫동안 우리나라는 서울 집중화를 막을 방법을 원천적으로 잃게 되었다고 생각했다. 행정수도 이전 계획으로 서울 중에서도 특히 강남 같은 주거지의 공급이 원천적으로 중단되었었기 때문이다. 유명 작가의 그림은 유명 작가가 죽으면 가격이 폭등하는데, 그것은 그림의 공급이 원천적으로 중단되기 때문이다. 어쩌면 그와 같은 이치라고 할 수 있다.

그런데 필자의 내집마련에 관한 이야기를 들은 모든 사람들은 그 때 강남 아파트를 과감하게 샀던 그 판단만을 기억한다. 더 중요한 것은 잘 모르면서 말이다. 과감한 판단력보다 더 중요한 것은 3억 1천만 원을 모을 수 있었던 저축의 강력한 힘이다. 그것이 없었다면 강남 아파트를 사는 것은 상상조차 할 수 없었을 것이다.

아직도 남들보다 빨리 집을 산 경우를 보면 연봉이 높거나 이자율이 높았던 시대였기 때문이라 생각하는가? 지난 14년간 필자가 조언하고 있는 고객 중에도 많은 이들이 아파트를 샀다. 하지만 소득과 환경이 비슷해도 집값이 높고 이자율이 낮아서 집을 못 산다는 핑계를 대는 사람들은 여전히 많다. 집을 비교적 빨리 산 사람은 일찍부터 뚜렷한 목표를 가지고 돈을 중간에 흘리지 않고 잘 모아왔을 것이다. 만일 아직 집을 사지 못했다면 내집마련이라는 목표를 위해 관심을 기울이고 저축해나가면 된다.

재테크 베스트셀러 저자의 재테크가 성공했다 쳐도 그것은 완료형이 아니라 계속해서 성공을 향해 나아가는 진행형이다.

집값이 너무 올라서
집을 못 산다는 게 사실일까

그동안 대한민국의 집값이 무척이나 많이 올랐다는 것을 모르는 사람은 아무도 없다. 한국에 산다면 누구나 알고 있는 이런 집값 상승의 역사는 각 세대에게 어떤 영향을 미쳤을까?

우선 50~60대인 베이비붐 세대(1950~1965년생)에게는 '부동산 불패'라는 인식이 형성되었다. 또 40~50대(1966~1980년생)에게도 하루빨리 내집마련을 해야 한다는 생각을 심어주었다. 그런데 유독 그 이후에 태어난 세대들은 "집값이 너무 올라 집을 못 산다."라는 볼멘소리를 하는 경우가 많다.

주택의 절대가격이 올라간 수치만 들여다보면 그런 생각이 드는 것은 당연할지도 모른다. 기억을 더듬어보면 필자가 결혼하고 신혼 시절이었던 1999년 서울의 80㎡(24평) 아파트는 2억 원이 조금 넘는 수준이었다. 하지만 20년이 지난 지금 평균 6억 원을 훌쩍 넘어서고 있다. 어림잡아 평균만 계산해도 2배가 넘게 올랐다. 정말 20년 만에 집값이 2배로 뛴 것일까? 그렇다면 집을 살 수 없다는 젊은 세대들의 탄식은 아주 틀린 말이 아니다. 하지만 이렇게 생각해보자. 지난 20년간 집값만 올랐을까? 분명 그렇지 않다. 소득도 함께 올랐다.

집값이 오르는 동안
소득도 함께 올랐다

⋮

1990년대 후반 대기업 대리급 연봉은 평균 3천만 원 정도였다. 지금 5천만~6천만 원 수준이니 소득은 2배 정도 늘어난 것이다. 집값이 2배 이상 오르는 동안 평균적으로 볼 때 소득도 2배 정도는 올랐다는 뜻이다. 집값이 정말 얼마나 올랐는지를 알려면 단순히 집값의 절대가격만 가지고 생각해서는 안 된다. 그보다는 소득 대비 얼마나 올랐는지를 봐야 한다. 과거에는 집값이 싸서 쉽게 살 수 있었을 거라고 쉽게 말하지만, 그때는 소득이 그만큼 낮았음을 고려해야 한다. 소득 상승에 비해 집값이 얼마나 올랐는지를 따져볼

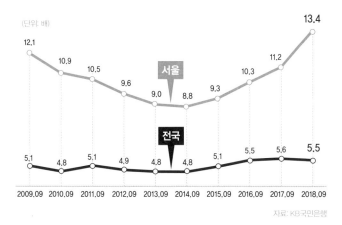

● 연도별 소득 대비 주택가격비율(PIR) ●

(단위: 배)

13.4

12.1

10.9

10.5

서울

9.6

9.0   8.8   9.3

10.3

11.2

전국

5.1   4.8   5.1   4.9   4.8   4.8   5.1   5.5   5.6   5.5

2009.09 2010.09 2011.09 2012.09 2013.09 2014.09 2015.09 2016.09 2017.09 2018.09

자료: KB국민은행

수 있는 지표가 있다. 바로 소득 대비 주택가격비율이다. 소득 대비 주택가격비율(PIR; Price to Income Ratio)은 주택 가격을 가구소득으로 나눈 수치로, 연 소득을 한 푼도 쓰지 않고 모았을 때 주택 구입까지 걸리는 시간을 나타낸다. 예를 들어 가구 소득 대비 주택가격비율이 10이라면, 해당 가구의 10년 치 소득을 모아야 주택 한 채를 살 수 있다는 뜻이다.

지난 10년간 PIR을 보면 서울은 양극화가 시작된 2015년 이후 급격하게 상승한 것을 알 수 있다. PIR이 가장 낮았던 2014년에는 평균소득의 8.8년 치를 모아야 서울에 집을 살 수 있었지만, 지금은 13.4년 치를 모아야만 가능하다. 그러나 2009년 12.1배와 비교하면 PIR은 10년 동안 1.3년 정도밖에 늘어나지 않았다. 즉 집값은 올랐지만, 소득상승분을 빼고 나면 10년 동안 고작 10.7% 정도 오른 것으로, 이자비용이 매우 낮아진 점을 감안하면 10년 전에 비해 소득 대비 집값이 폭발적으로 오른 게 아니다. 또 전국 기준을 보면 2009년 5.1배에서 10년이 지난 2018년에는 5.5배로 거의 변화가 없다. 이것은 무엇을 말해주는가? 집값을 숫자로만 보면 분명 오른 것은 맞다. 하지만 소득상승분을 고려하면 "집값이 너무 올라 집을 못 산다."라는 말은 다소 설득력을 잃는다.

그보다는 소득이 높아진 현재 세대가 과거 세대에 비해 내집마련에 온전히 집중하고 있지 않을 가능성이 크다. 즉 높아진 소득을 내집마련에 온전히 투입하던 과거 세대와 달리 현재 세대는 문화생활이나 레저, 여행 등 현재 생활에 더 투자하고 있는 것이다. 따라서 "집값이 너무 올라 집을 못 산다."라는 표현은 일부 맞기도 하지만 틀리기도 하다. 그보다는 "현재 누리고 있는 여가생활을 일체 포기하지 않고서는 집을 못 산다."라는 말이 더 맞는 표현이다.

경제란, 무엇을 포기해서 무엇을 얻을 것인지 판단하는 개념이다. 즉 동일한 조건에서 모든 것을 만족시키는 답은 없다. 옷을 고를 때 소비자는 디자인을 중시할 것인지, 아니면 내구성을 중시할 것인지, 또 가격이 저렴한 것에 초점을 맞출 것인지 염두에 두어야 한다. 가격이 저렴하면서 디자인도 훌륭하고 내구성까지 좋은 옷은 거의 없기 때문이다. 본인의 자산현황에 따른 부동산 투자도 이와 같다.

따라서 똑똑한 아파트를 마련하는 계획은 현재의 생활과 미래의 경제적 안정을 적절히 도모하는 수준에서 밸런스를 맞춰야 한다. 내집마련을 위해 지금 최소한의 생활을 포기해서도 안 되겠지만, 그렇다고 현재의 만족스러운 여가생활 때문에 매우 중요한 과제인 내집마련 계획도 절대 포기해서는 안 된다는 뜻이다. 사람마다 모두 가치관이 다르기 때문에 무엇이 옳고 무엇이 잘못되었는지는 절대적인 기준으로 판단하기 어렵다. 다만 일반적인 상식 수준에서 내집마련을 위한 저축은 뒤로하고 소비재에 지나치게 돈을 많이 쓰는 성향은 문제를 야기할 수 있다. 자신의 소득에 걸맞은 내집마련에는 소홀하면서 돈을 흘려보내며 과소비하는 것만큼은 경계해야만 한다.

돈이 없어서
집을 못 사는 게 아니다

⋮

대한민국은 명품공화국이라고 해도 과언이 아닐 정도로 세계 최고급 명품 브랜드들이 모두 진출한 시장으로 유명하다. 과거에는 명품이 부자들의 전유물처럼 느껴지던 때도 있었다. 일반 상품에 비해 엄청나게 비싼 가격 때문이다. 하지만 지금 한국에서는 평범한 사람들도 명품을 소유하는 것이 아주 흔한 일이다. 명품은 상품이 갖는 고유의 기능 이외에 그 상품을 소유한 사람의 지위나 계층까지 과시되는 특징을 지니고 있다. 이런 상품을 일명 지위재(地位財, positional goods)라고 한다. 지위재란 재화의 가격이 품질이나 기능보다는 그 재화의 고유한 인식과 이미지에 따라 결정되는 속성을 지닌 것으로, 소유한 사람의 계층을 나타내는 데 사용되는 재화다. 명품이 대표적인 지위재다.

사실 진짜 부자들은 가진 재산에 비해 그렇게 많은 명품을 가지고 있지 않다. 세계 5위 부자인 페이스북의 창업자 마크 저커버그는 청바지나 티셔츠 등의 수수한 옷차림으로 유명한데, 그가 입는 옷들은 대부분 가격이 저렴한 것들이다. 인간은 원래 본인의 능력으로 갖지 못하는 것을 소유하고 싶어 하지만 정작 언제든 가질 수 있게 되면 되레 흥미를 잃어버리는 법이다.

직장생활 3년 차인 박형배 씨(30세 미혼, E건설 근무)에게 내집마련에 대해서 물었다. 그는 내집마련에 소극적인 태도를 보였다. 어쩌면 비혼으로 살 수도 있고 결혼을 하더라도 주택을 구입하기보다 평생 전세나 월세를 살면 된다는 것이 그의 생각이다. 집값이 너무 비싸다는 것이 표면적 이유지만 그가 그런 생각을 가지게 된 계기는 사실 몇 해 전 결혼한 형의 가계 지출을 보았기 때문이다. 형은 운 좋게 주택청약으로 분양을 받았는데 그 집의 중도금과 잔금, 그리고 대출원금을 갚느라 맞벌이로 벌어들인 소득의 절반 이상을 집에 쏟아붓고 있는 중이라고 한다. 남들보다 빨리 내집마련에는 성공했지만 주택에 들어가는 돈 때문에 자녀 계획도 당분간 미룬 상태다.

그는 이렇게 말했다.

"저는 형처럼 매월 몇백만 원씩 집에 돈 넣을 자신이 없더라고요."

하지만 아직 미혼인 형배 씨가 결혼을 한다면 가계소득은 크게 늘어날 것이고, 혼자 살게 된다고 하더라도 작은 주택을 목표로 하면 된다. 그런데 벌써 주택 구입에 이처럼 소극적인 이유는 무엇일까? 사실 그는 주택에 많은 자금을 넣을 자신이 없는 것이 아니라 주택자금에 많은 돈을 넣을 여력이 없는 것이다. 지금의 소비로는 저축을 꿈도 꾸기 어렵기 때문이다.

형배 씨의 월급은 세후 월 330만 원 정도다. 얼마 전에는 외제차를 타고 싶은 마음에 B사의 가장 작은 소형차량을 구입했다. 월급에서 1/3이나 되는 돈이 자동차 할부금으로 나가는 것이다. 사정이 이렇다 보니 내집마련에 소극적인 태도, 아니 정확히 말하자면 부정적인 태도를 가지게 되었다. 그런데 필자가 보기에는 외제차를 타는 그가 멋져 보이기보다는 맞지 않은 옷을 입은 듯 이상해 보였다. 키가 180cm나 되는데 그 작은 차에서 내리는 어색하기 때문일 것이다.

직장생활 2년 차인 이유리 씨(29세, 미혼, W호텔 근무)에게도 내집마련에 대한 생각을 물었다.

"꼭 가지고 싶지만 집값이 너무 비싸서 현실적으로 불가능할 것 같아요."

그녀 역시 내집마련에 소극적이다. 다만 그녀는 가지고 싶지만 현실적으로 불가능하다고 생각하는 듯 보였다.

이제 직장생활 1년 차로 월급 270만 원을 받는 직장인 주연 씨. 모임에서 '핵인싸'를 꿈꾸며 거금 수백만 원을 들여 명품코트와 명품백을 구입했다. 하지만 출근할 때 입기엔 좀 부담스러워서 이 비싼 물건들을 걸치고 외출하는 날은 손에 꼽을 정도로 드물다.

이처럼 부자 흉내를 내는 사람들을 보면 필자는 왠지 멋지다기보다는 안쓰럽다는 생각마저 들 때가 있다. 멋지다는 것은 있는 척하는 것이 아니라 능력이 있어도 그 능력을 다 보여주지 않는 데서 드러난다. 누구나 부러워할 만한 성공을 이루었지만 자전거를 타고 출퇴근하는 부자, 수수한 옷차림에 직원들과 커피 한잔을 함께하는 CEO, 이런 부자가 진정으로 멋진 것이다.

이제 부자의 겉모습만 흉내 내려고 하지 말고 부자를 따라 해보자. 그들의 생각, 그들의 작은 습관들을 말이다. 우리가 기억해야 할 것은 자수성가형 부자들은 하나같이 똑똑한 아파트에 집중했다는 것이다. 집값이 너무 올라서 집을 못 사는 게 절대 아니다.

내 미래 배우자의
소득은 얼마나 될까?

얼마 전 상담을 통해 만났던 최지아 씨(31세, 외국대사관 근무)는 중산층 가정에서 태어나 안정적인 환경에서 자랐으며, 지금은 대사관에서 근무하는 사람답게 외국어에 능통한 젊고 당찬 직장인이었다.

그런 그녀는 지난 5년 동안 주말이나 휴일에도 틈틈이 번역 아르바이트를 하고 있는데 아르바이트를 하는 이유가 참 독특하다. 아르바이트를 해서 모은 돈으로 여행비용이나 문화생활비 등을 충당하고 있는 것이다. 그녀의 월급 정도라면 당장 혼자 쓰기에는 모자라지 않을 텐데 굳이 아르바이트까지 하며 여행비용이나 문화생활비를 따로 만드는 이유는 무엇일까?

그녀는 자신의 목표를 이렇게 소개했다.

"서울에 반드시 내집을 마련하는 거예요."

그리고 결혼을 할지 말지 지금으로서는 모르겠지만 멋진 집에 사는 것이 오랜 꿈이라고 말했다. 예전 같으면 결혼할 때 보통은 신랑이 집을 마련해오고 신부는 혼수만 해결하면 되었다. 하지만 지금은 집값이 워낙 높아지다 보니 결혼비용도 경우에 따라 양쪽이 나누는 분위기라고 한다. 이런 목표를 달성하기 위해 열심히 돈을 모으고 있지만, 그 때문에 자신이 좋아하는 여행이나 문화생활에 지출할 여유가 도무지 생기지 않는다고 말했다. 그래서 생각해낸 것이 바로 아르바이트다. 충분히 저축을 하면서 여가생활도 누리기 위한 해결책인 것이다.

저축보다는 '일단 쓰고 보자!'라고 생각하는 젊은이도 많은데 그녀의 생각은 남다르다. 이제 갓 서른이 넘은 나이인데 월급에 아르바이트까지 많게는 월 500만 원이나 벌고 있다. 하지만 그런 그녀도 내집마련이란 숙제는 부담스러운 듯했다. "어떤 집에 살고 싶은가요?"라는 물음에 이렇게 대답했다.

"서울 아파트면 좋겠어요. 강남권이면 더 좋고요."

사실 그녀의 연봉은 나이에 비해 결코 낮은 편이 아니다. 그럼에도 불구하고 앞으로 평생 일을 할 생각인 그녀에게조차 서울 아파트란 '넘사벽'처럼 느껴지는 눈치다. "결혼을 한다면 배우자가 있을 텐데 같이 벌면 충분하지 않을까요?"라고 되물었더니 "그렇겠죠.

근데 배우자 소득이 얼마인지 모르니…"라고 답했다. 몇 번의 소개팅으로 잠깐씩 만난 사람은 있었지만, 아직 결혼할 사람은 만나지 못했다는 그녀. 그래도 3년 안에는 결혼하고 싶다고 말했다.

그녀가 내집마련이라는 뚜렷한 목표를 가지고 있다는 점은 훌륭하다. 하지만 그 생각이 좀 더 구체적인 계획으로 이어지지 못하는 이유는 아직 결혼할 사람을 만나지 못했기 때문이다. 그녀의 말대로 배우자가 정해진다면 두 사람의 소득을 감안해서 좀 더 명확한 내집마련 계획을 세울 수 있을 텐데, 그러지 못하다 보니 내집마련이란 목표는 막연해지고 마는 것이다.

당연한 이야기겠지만 똑똑한 아파트 마련에 빠르게 성공한 사람들은 하나같이 남들보다 내집마련 계획을 일찍 시작했다. 그리고 맞벌이 소득의 시너지를 주택에 집중했다. 아직 결혼할 사람을 만나지 못했지만 그녀의 미래 배우자의 소득은 얼마나 될까? 사실 이 문제의 답은 거의 정해져 있다. 언제부터인가 우리 사회에 자리 잡아온 경제적 동질혼(同質婚)이라는 문화 때문이다.

미래 배우자의 소득은
어느 정도 정해져 있다

⋮

윤지현 씨(27세, 행정직 공무원)는 얼마 전 1년 정도 만나온 남자친구를 부모님께 소개했다가 한바탕 큰 소동을 치렀다. 당장 결혼을 하겠다는 것도 아닌데 부모님은 우연히 만난 자리에서 대놓고 싫은 내색을 하고 나중에는 그녀에게 헤어지라는 불호령까지 내렸다. 겉으로는 그녀가 아직 결혼할 나이가 아니기 때문이라고 했지만, 진짜 이유는 공무원으로 안정적인 직장을 가진 딸이 미래가 불안한 사람을 만나는 것에 대해 불편한 심기를 드러낸 것이다. 그녀의 남자친구는 다니던 직장을 그만두고 얼마 전 친구와 함께 작은 유통사업을 시작했다고 한다. 어떻게 보면 요즘 같은 불경기에 소자본으로 창업해 경제적으로 불안정한 사람을 사윗감으로 좋아할 부모는 거의 없을 것 같기도 하다.

결혼을 통해 두 사람이 한 가정을 꾸리고 안정적으로 자립하려면 경제적인 문제가 가장 중요하다. 그래서인지 부모뿐만 아니라 결혼 당사자들 간에도 결혼할 배우자를 고를 때 가장 중요하게 생각하는 부분이 바로 비슷한 소득수준이 아닐까 한다. 소득수준이 비슷해야 가치관과 추구하는 목표도 비슷해서 좀 더 안정적으로 결혼생활을 해나갈 수 있기 때문이다. 바로 이것이 동질혼의 가장 핵심적인 내용이다.

이런 경제적 동질혼 문화는 평생 한 번뿐인 결혼을 통해 자신의 행복을 지키는 데 있어서 리스크를 최소한으로 하려는 의도에서 출발했다고 볼 수 있다. 이런 측면에서 보자면 앞선 사례에서 연소득 5천만 원 정도의 31세 직장인인 최지아 씨의 미래 배우자 소득은 거의 정해져 있다고 봐도 큰 무리가 없을 것이다. 그녀에게 배우자의 나이는 연하도 괜찮은지, 연상이라면 몇 살까지 괜찮은지 물었다.

"글쎄요. 마음만 잘 맞는다면 한두 살까지는 연하도 괜찮을 것 같고 위로는 서너 살 정도요?"

사실 결혼 적령기를 맞은 여성들 중 95% 정도가 이런 대답을 한다. 그리고 실제로 거의 대부분이 자신이 생각했던 나이대의 배우자를 만난다.

그렇다면 미래 배우자의 소득은 어떨까? 이것도 마찬가지다. 필자가 지난 13년간 1천 명이 훌쩍 넘는 기혼의 20~30대들을 인터뷰했지만 배우자 간의 소득은 아주 큰 차이가 나지 않았다. 여성의 경우 남성 배우자의 소득은 자신의 소득을 기준으로 90~140% 사이인 경우가 95% 이상이었고, 남성의 경우 여성 배우자가 자신의 소득을 기준으로 70~110% 사이인 경우가 대부분이었다. 일정한 표본으로 정확히 통계를 낸 수치는 아니지만 오랜 시간 필자의 관찰을 통해 정리한 내용이다. 아마 통계를 낸다고 하더라도 이와 유사한 결과가 나올 것이다.

미래 배우자의 소득 예측
여성: 본인소득×(0.9~1.4) (신뢰구간 95%)
남성: 본인소득×(0.7~1.1) (신뢰구간 95%)

그렇다면 최지아 씨가 3년 후 결혼한다고 가정했을 때 미래 배우자의 소득은 어떻게 예측할 수 있을까? 연 소득 4,500만 원에서 7천만 원 사이에서 결정될 확률이 95% 이상이라고 볼 수 있다. 평균값으로 계산해보면 그녀의 배우자 소득은 6,250만 원 정도로 예상된다. 이 계산대로 한다면 최지아 씨가 결혼할 때 부부의 가구소득은 연 소득 1억 1,250만 원, 세후소득 월 937만 원이 된다. 이제 다시 생각해보자. 3년 후 가구소득이 937만 원인 신혼부부에게도 서울의 아파트는 '넘사벽(넘을 수 없는 장벽)'일까? 분명 그렇지 않을 것이다.

똘똘한 아파트 마련을
방해하는 오적들

앞서 언급했던 것처럼 집값이 높게 올라가는 동안 소득도 많이 올랐다는 것은 명백한 사실이다. 다만 올라간 소득을 과거처럼 내집마련에 집중하지 못해서 똘똘한 아파트 한 채를 마련하는 데도 어려움을 겪고 있는 것이다. 그렇다면 무주택자인 당신이 원하는 시기에 내집마련을 못하도록 막는 걸림돌은 무엇일까? 당신의 똘똘한 아파트 마련을 방해하는 오적(五賊)에 대해 알아보자. 여기서 말하는 오적에는 육아로 인해 줄어드는 맞벌이 기간, 소득 대비 너무 높은 전세금·차량유지비·여가생활비, 늦은 주택 계획, 주택을 소비재로 보는 인식이 포함된다. 이제부터 하나씩 자세히 살펴보겠다.

똑똑한 아파트 마련을 방해하는 오적 ①
육아로 인해 줄어드는 맞벌이 기간

:

　박지연 씨(32세, H광고사 육아휴직)와 김정균 씨(32세, A애드 차장)는 올해 3살 된 아들과 10개월 된 딸을 키우는 부부다. 지연 씨의 사례는 시어머니가 육아를 도와주시기로 했던 계획만을 믿고 출산 후 바로 복직하려 했으나 계획이 갑자기 무산되면서 휴직 기간이 길어진 경우다.

　미혼인 시동생이 서울에 취업해서 시어머니가 시동생과 함께 거주하면서 첫 아이를 봐주시기로 했었다. 그런데 시동생이 지방으로 발령받는 바람에 계획이 꼬이고 만 것이다. 게다가 생각보다 빨리 둘째가 생겨버렸다. 그렇게 복직은 또다시 미루어졌다. 그래도 아이를 키울 거라면 빨리 낳아 키우는 것도 나쁘진 않다며 위안을 삼았다. 하지만 원래 계획보다 육아휴직이 자꾸만 길어지면서 내 집마련 계획은 큰 타격을 입게 되었다. 부부는 경기도 신축아파트를 분양받아 2년 후에 입주를 앞두고 있다. 맞벌이를 하면서 대출 없이 중도금을 감당할 계획이었으나 막상 외벌이 기간이 길어지는 바람에 계획대로 실행하기가 어려워졌다.

　부부의 최종 내집마련 계획은 2년 후 입주하게 될 지금의 경기도 아파트가 아니라 바로 서울로 입성하는 것이다. 그래서 대출은 거의 없이 입주하고, 아이가 자라는 동안 좀 더 돈을 모아 다시 서울로 이사를 가려는 계획이었다. 그러나 휴직 기간이 애초 예상했던 6개월에서 2년 6개월로 갑자기 길어지면서 중도금은 고스란히 대출로 충당해야 할 형편이 된 것이다. 지금 상황에서는 대출금을 갚기 위해 분양받은 아파트도 2년 후 전세를 주어야 할 상황이고 입주도 불가능하다. 그도 그럴 것이 신혼 초에는 두 사람의 소득 중 한 사람의 소득도 훨씬 넘는 450만 원을 매달 모았지만 지금은 거의 저축을 못 하고 있기 때문이다.

과거에 비해 결혼한 여성 직장인들의 육아휴직이 비교적 자유롭다고는 하지만 그래도 휴직 기간이 길어지면 경력 단절로 인해 자신의 커리어에 불리해질 수밖에 없다. 무엇보다도 경제적인 부분에서 절대적인 손실이 생긴다. 지연 씨는 직장동료 중에 비슷한 나이대의 자녀를 키우면서도 6개월과 10개월 단 두 번의 육아휴직 후 복직한 사례가 있다고 했다. 그녀는 자녀 계획을 미리 꼼꼼히 세우지 못하고 육아휴직 기간을 최소화하지 못한 게 가장 아쉬운 점이라며 자책했다.

결혼을 했다면 육아 때문에 맞벌이 기간이 줄어들 확률을 최소화하는 것은 매우 중요하다. 주택 계획 때문에 자녀 계획 자체를 포기할 수는 없지만 맞벌이 기간은 똑똑한 아파트 마련을 위한 자금 형성의 골든타임이란 것을 간과해서는 안 된다. 최대한 일찍 여러 가능성을 고려해 대비책을 세워둘 필요가 있다.

똑똑한 아파트 마련을 방해하는 오적 ②
소득 대비 너무 높은 전세자금(전세자금대출)

⋮

이형철 씨(34세, S화학 근무)와 조시연 씨(31세, 초등학교 교사)는 1년 전 결혼한 신혼부부다. 신혼집 전세금인 4억 원 중 1억 8천만 원을 대출받아 아파트에서 신혼 살림을 시작했다. 이들 부부의 월 소득은 700만 원 정도다. 그런데 얼마 전부터 형철 씨는 매월 납입하는 전세대출 이자가 신경 쓰이기 시작했다. 결혼할 때는 모든 일이 정신없이 흘러가 깊이 생각해보지 못했는데, 1년쯤 지나 되돌아보니 매월 50만 원이라는 비용이 그냥 사라지는 게 왠지 불편하게 느껴졌던 것이다. 물론 부부의 소득이 아주 낮은 편은 아니지만 아직 내집마련의 길이 멀다는 점을 감안하면 신혼집을 조금만 줄였다면 어땠을까 하는 아쉬움이 살짝 드는 대목이다.

처음에는 신혼집에 많은 돈을 투자하지 않기로 했었다. 대출에 들어가는 비용을 아껴 미래의 내집마련 시기를 앞당기기 위해서였다. 현명한 생각이었다. 하지만 이들 부부가 결혼하기 두 달 전쯤 먼저 결혼한 친구 부부네 집들이를 다녀오고 나서 생각이 바뀌었다. 깔끔한 신혼집을 보고 나니 일단 대출을 받아서라도 아파트에서 살림을 시작하기로 결심한 것이다. 친구의 결혼식과 신혼집을 지켜보면서 부부의 눈높이가 높아져버린 탓이었다.

신혼집이 당초에 계획한 투룸형 주택에서 아파트로 변경되면서 혼수자금은 계획한 비용을 훨씬 초과했다. 그래서 생각지도 못한 전세자금대출을 받게 되었다. 내집마련에 대해 좀 더 구체적이고 명확한 목표를 세웠다면 이런 갑작스러운 계획 변경은 없었겠지만, 모든 것을 처음 경험하는 신혼부부에게 장기적인 안목을 기대하기란 무리가 있다. 결혼 전 가지고 있던 2억 원 정도의 목돈으로 남의 눈을 의식하지 않고 당초의 계획대로 신혼집을 마련했다면 결혼비용도 줄이고 매월 50만 원이 넘는 이자 비용도 그대로 저축하며 내집마련 시기를 좀 더 앞당길 수도 있었을 텐데 말이다.

똑똑한 아파트 마련은 시간과의 싸움이다. 소득과 집값, 생활비 모두 빠르게 상승하지만, 그중에 소득보다 집값과 생활비가 더 빠르게 올라가기 마련이다. 따라서 무주택자의 경우 결혼 초기에, 특히 자녀가 취학하기 전에 주택에 얼마나 적은 돈을 투여하느냐가 내집마련을 앞당기는 열쇠가 된다. 반대로 말하자면 소득 대비 너무 높은 전세금이나 전세자금대출은 그만큼 똑똑한 아파트 마련을 방해하는 적이 될 수 있음을 명심하자. 여러 가지 경제상황을 봐야겠지만 일반적으로 신혼부부라면 전세금이 가구 연 소득의 3배를 넘지 않는 것이 좋다(서울 이외 지역은 2배).

> **신혼부부의 최초 적정 전세금**
> • 서울권: 부부 연 소득의 3배 이하
> • 서울 이외 지역: 부부 연 소득의 2배 이하

똑똑한 아파트 마련을 방해하는 오적 ③
소득 대비 높은 차량유지비와 여가생활비

︙

얼마 전 친척 결혼식에 갔다가 주차장에서 우연히 외사촌 동생 부부를 만났다. 막내 이모의 둘째 아들이니 필자와는 나이가 15살도 넘게 차이가 나는데, 3년 전 결혼해 아이 하나를 키우고 있다. 오랜만에 만나서 반갑게 인사를 나누고 결혼식장으로 향했다. 그런데 필자의 아내가 뭘 보았는지 흠칫 놀라며 귓속말로 속삭였다.

"어머, 차가 벤츠야."

아, 동생 부부가 타고 온 차를 말하는 것이었다. "요즘 길에 널린 게 외제차인데 뭐가 이상하다고, 참."이라고 대꾸했지만 조금은 의외였다. 사촌 동생 부부는 현재 육아 때문에 외벌이인 상태인 데다, 아직 전세를 살고 있고, 사촌 동생도 월급이 높지 않은 기업에서 직장생활을 하고 있기 때문이다.

그러고 보니 요즘 길거리에는 부쩍 외제차가 눈에 많이 띈다. 국산차가 그만큼 비싸져서일까? 그보다는 소유 차량 기준과 눈높이가 높아졌기 때문이 아닐까 한다. 저 정도의 차량이라면 장기금융으로 샀다고 해도 월 100만 원은 족히 들어갈 것이고 유지비도 만만치 않을 것이다. 거기에 육아비용과 생활비까지, 저축은 엄두도 내지 못할 것이 분명하다.

사실 앞서 언급한 이형철 씨와 조시연 씨 부부도 결혼하고 얼마

되지 않아 낡은 중고차를 새 차로 바꿨다고 했다. 그러고 보니 이 집도 차가 벤츠였다. 솔직히 아이도 없는 젊은 부부에게 월 700만 원의 소득은 제법 쓸 만한 돈이다. 전세자금대출 이자로 월 50만 원 정도 나가지만 교육비도 큰 생활비도 아직은 나가지 않는다. 그러니 우선 손쉽게 행복감을 높이기 위해 집보다 자동차를 선택한 것이다. 예쁜 신혼집에 살면서 주말마다 교외로 드라이브를 가거나 시내 나들이를 갈 때도 멋진 외제차에서 내리는 모습은 상상만으로도 즐거울지 모른다. 하지만 할부금과 보험료에 세금과 유지비까지 새 차를 들이고 나서 이 부부는 엄청난 지출을 감수하고 있다. 형철 씨에게 차량유지비가 얼마나 드는지 들어보았다.

벤츠 E클래스 구입가 7,245만 원
일시금 1천만 원
취등록세 507만 원
월 할부금 115만 1,521원(연 1,382만 원)
자동차보험료 연 123만 원(월 10만 2,500원꼴)
월 세금 4만 원(연 48만 원)
월 주유비 20만 원
월 이자(신용) 5만 3,750원

월 유지비 154만 7,771원

신용대출로 1,500만 원을 받아 취등록세와 보증금을 내고 나머지는 5년 할부로 해서 매월 115만 원가량의 할부금이 나간다. 여기에 보험료와 세금, 주유비까지 계산해보니 매월 154만 원이 넘게 지출되고 있었다. 전세자금대출까지 합하면 부부는 자산이 아닌 주거와 차량에만 월 200만 원, 연간 2,400만 원을 비용으로 쓰는 셈이다. 이 금액은 부부 소득의 30% 정도를 차지한다. 물론 개인마다 취향이 다르고 라이프스타일도 다르다. 하지만 내집마련이란 중요한 숙제에 집중해야 하는 시기에 많은 젊은 부부들이 소득에 비해 과도한 차량유지비와 여가생활비를 지출하는 것은 문제가 있다고 본다.

그렇다면 어느 정도가 차량 구입비용으로 적절할까? 이는 사람마다 생각 차이가 크기 때문에 한 가지 기준으로 말하기는 조심스럽다. 그러나 반드시 수도권에서 똘똘한 아파트라는 숙제를 제때(결혼 후 12년 내)에 끝내려면 다음과 같은 원칙이 필요하다. 차량에 들어가는 비용, 즉 교통비는 가구소득의 5%가 적절하며 특수한 경우라도 반드시 7%를 넘지 않는 것이 바람직하다고 할 수 있다. 따라서 형철 씨 부부도 내집마련이라는 목표가 있다면 월 50만 원 이내로 차량유지비(교통비)가 제한되어야 한다. 이 기준으로 보자면 형철 씨 부부는 무려 3배의 차량유지비를 쓰고 있는 셈이다.

내집마련의 목표가 있는 경우 적절한 차량유지비(교통비)
- 미혼(1인 가구): 소득의 5% 이내
- 기혼(자녀 포함): 소득의 7% 이내

똑똑한 아파트 마련을 방해하는 오적 ④
자녀 출산 후 시작하는 주택 계획

:

20~30대 젊은 세대들이 내집마련에 집중하지 못하는 이유는 소득이 낮은 시기에는 무조건 저축이 힘들다고 단정하고, 나중에 소득이 올라가면 그때 저축을 많이 하겠다는 생각을 가지고 있기 때문이다.

과거 신입사원 시절부터 알고 지낸 이종민 과장(35세, H중공업)은 얼마 전 승진했다는 반가운 소식을 전하면서도 웬일인지 씁쓸한 웃음을 지었다. 사연을 들어보니 월급이 대략 80만 원 정도 올랐는데 아이가 영어 유치원을 입학하게 되면서 오히려 월 가계부에서는 40만 원 정도 적자가 날 것 같다는 것이었다. 이종민 과장도 신입사원 시절에 "지금은 월급이 적어서 저축을 못 하지만 과장이나 차장 이상으로 승진하면 지금보다 더 많은 저축을 할 것이다."라고 호언장담했었다. 하지만 그는 오히려 그때가 가처분소득이 더 높았다는 걸 지금에야 깨달았다.

한 달에 500만 원을 버는 집이든 한 달에 2천만 원을 버는 집이든 상관없이 결혼하고 10년 정도가 지나면 저축할 여유가 없어지기는 매한가지다. 500만 원을 버는 사람은 그렇다 쳐도 2천만 원을 버는 사람이 왜 저축을 못 하는 걸까? 한 달에 2천만 원을 버는 정도의 집은 대부분 소유 차량이 2대다. 차종도 범상치 않다. 또 소득이 이 정도인 집의 자녀들은 십중팔구 대한민국에 없다. 모두 해외에서 공부하기 때문이다. 소득이 올라가면 소비도 올라가는 건 당연한 이치겠지만 이런 현상은 주로 자녀교육이 본격화되면서 시작된다. 따라서 주택마련을 위한 집중적인 저축 시기는 소득이 높아진 이후가 아니라 절대소득이 낮더라도 자녀 출산과 자녀교육 이전으로 설계해야 한다.

700만 원을 버는 맞벌이 부부는 지금이라도 마음먹으면 400만 원 정도 저축할 수도 있다. 하지만 아이가 태어나고 아이가 커서 학교를 가기 시작하는 시기가 되면 소득이 더 높아져도 400만 원을 저축할 수 없다.

똑똑한 아파트 마련을 방해하는 오적 ⑤
주택을 소비재로 생각하는 인식

⋮

필자의 큰누나는 30년 넘게 독일에 거주하고 있다. 얼마 전 대한민국의 주택 이야기를 들려주었더니 놀라는 기색이 역력했다. 누나는 독일에 집을 보유하고 있지만 대부분의 젊은 독일 사람들은 굳이 큰돈을 들여 집을 사기보다는 장기간 빌려서 사용하는 경우가 많다고 한다. 유럽은 장기간 낮은 비용으로 집을 소유하지 않고도 거주할 수 있는 환경이다. 이런 시스템이 가능한 이유는 주택 가격이 지속적으로, 또 급격히 올라갈 일이 없기 때문이다. 장기적으로 가격이 오르지 않는 자산을 소유하려는 사람이 많지 않으니 더더욱 오를 일이 없다.

주택 가격이 오르지 않는 근본적인 이유는 주택 수요가 분산되어 있기 때문이다. 도시와 농촌이 고르게 발달되어 있고 인구가 많은 대도시도 전국에 고르게 분포되어 있다. 그래서 동일한 수준의 경험과 능력을 가졌다면 전국 어디서나 비슷한 수준의 일자리를 구할 수 있다. 국토 전반에 걸쳐서 경제가 활성화된 지방 도시들이 여럿 존재하기 때문에 가능한 일이다. 이런 환경에서라면 주택은 소비재가 될 수 있다.

하지만 우리나라는 상황이 매우 다르다는 점을 알아야 한다. 2019년 국토교통부가 발표한 도시계획현황 통계에 따르면, 우리나라는 전체 국토 면적에서 도시 면적이 차지하는 비중이 16.7%에 불과하지만, 전체 인구의 91.84%가 도시에 거주한다. 또 도시인구는 과거에 비해 증가세가 많이 완화되었지만 여전히 늘고 있는 추세다. 인구의 도시 집중화 현상은 그동안 도시의 주택 가격을 꾸준히 높이는 결과를 가져왔다. 특히 보안이나 편의성이 높은 공동주택은 더더욱 높은 가격 상승률을 이어왔다.

우리나라처럼 수도권 집중과 도시 집중 현상이 두드러지는 곳은 당연히 도심의 주택이 자산이 된다. 앞서 언급한 것처럼 몇몇 유럽 국가들에서는 주택을 소유보다 거주의 개념으로 생각하고 공공임대 성격의 주거 지원이 많아서 일정 비용만으로 평생 안정적으로 주거를 해결할 수 있다. 또한 모기지가 잘 발달되어 있어 40년 이상 장기간 낮은 이자비용으로 주거를 해결한다. 그러나 우리나라는 현실적으로 그러지 못하는 실정이다. 따라서 평생 주택을 소유하지 않고 빌려 쓰겠다는 생각은 바람직하지 않다.

전 재산이 집으로 들어가면
돈이 묶이는 걸까?

박현곤 씨(42세, 자영업)는 서울에서 큰 식당을 2개나 운영하는 요식업계 사장님이다. 일찍부터 장사에 뛰어들어 20년 가까이 장사를 유지해오며 잔뼈가 굵었고, 10년 전부터 부모님이 사업자금을 지원해주셔서 마침내 큰 식당을 열었다. 지금은 점포를 더 늘려 남들 모두 어렵다는 요식업에서 나름 성공한 경우다. 게다가 결혼 전에 강남 82㎡(25평) 아파트도 증여받았으니 주변 사람들의 부러움을 살만하다. 그런데 재테크를 하면서는 큰돈을 많이 까먹었다고 말하는 현곤 씨, 그 이유가 무엇일까?

그는 2004년 부모님에게 증여받은 아파트에서 지금도 아내와 아이랑 전세를 살고 있다고 말했다. 증여받은 아파트에 전세를 산다니 그건 또 무슨 말일까? 현곤 씨는 2004년에 3억 원이 조금 넘는 아파트를 증여받고 2009년에 아파트 가격이 치솟자 아파트를 팔았다. 그리고 같은 아파트를 전세로 전환해 지금껏 살고 있는 것이었다. 그가 아파트를 판 이유가 궁금했다. 당시 그의 재산은 그 집이 전부였는데 3억 5천만 원 정도였던 아파트가 6년 만에 8억 원까지 오르다 보니 내심 기분이 좋기도 했지만 덜컥 겁이 났다고 했다.

"2010년에 아파트가 8억 원 가까이 되더라고요. 너무 오른 게 아닌가 싶기도 하고, 집 한 채에 이렇게 큰돈을 묶어놓는 게 아깝다는 생각에 결국 팔기로 결심했죠."

그는 집을 팔아서 1억 원은 새로운 가게를 오픈하는 비용으로 썼고, 2억 원은 제주도에 땅을 사는 데 썼다고 했다. 나름 분산투자를 한 셈이다.

가게 오픈에 들어간 1억 원은 대출을 받았다면 좋았을 것을, 자산을 처분하고 써버린 셈이니 아쉬움이 남는다. 집을 팔지 않았어도 싼 이자로 2억~3억 원 정도는 쉽게 융통할 수 있었기 때문이다. 그보다는 제주도의 땅이 궁금했다. 지인의 지인을 통해 산 땅은 현재 아무런 건물이 없는 빈 땅이라고 하는데 승마공원과 가족리조트 개발예정지라는 말만 듣고 투자한 것이었다. 들어보니 거의 임야나 다름없는 땅이다. 임야는 산림과 들판으로 이루어진 땅으로, 경제가치가 거의 제로에 가깝다. 현곤 씨가 그 사실을 안 지는 얼마

되지 않았다. 증여받은 그 집만 그대로 유지했으면 지금 14억 원 정도가 되었을 텐데, 그동안 7억 원이 훨씬 넘는 손실이 생긴 셈이다. 게다가 2억 원은 땅에 묶여버렸으니 사실상 손실이라고 봐야 한다. 현곤 씨는 아파트에 돈이 묶이는 것을 걱정했지만 정작 아파트에 돈이 묶인 게 아니라 아파트를 팔고 산 땅에 묶여버렸다. 흔히 부동산을 사면 돈이 묶인다고 말하는데 그게 사실일까?

자산의 세 가지 속성: 안정성, 수익성, 유동성

⋮

자산이란, 소유자에게 연속적으로 현금흐름(CF; Cash Flow)을 발생시키는 것으로 시장에서 가격이 정해지고 거래가 가능한 것을 말한다. 쉽게 말하면 소유한 사람에게 계속해서 돈을 벌어주는 것이 곧 자산이란 뜻이다. 자산의 특징을 말할 때 반드시 거론하는 세 가지 속성이 있는데 바로 안정성, 수익성, 유동성이다.

> **자산의 속성**
> 안정성: 투자한 원금이 미래에 얼마나 안전하게 유지될 수 있는가?
> 수익성: 투자한 원금 대비 미래에 수익이 얼마나 발생할 가능성이 있는가?
> 유동성: 투자한 원금이 미래에 얼마나 빠르게 현금화될 수 있는가?

● 대표적 자산인 예금, 주식, 부동산의 속성 ●

구분	안정성	수익성	유동성
예금	매우 높음	매우 낮음	매우 높음
주식	매우 낮음	높음	높음
부동산	높음	높음	낮음(아파트 제외)

이 세 가지 속성은 자산이 어떤 특징을 가지고 있는지 보여준다. 물론 세 가지 속성 모두가 높은 자산이라면 더할 나위 없이 좋겠지만 시장에 그런 자산은 흔치 않다. 대표적인 자산을 가지고 그 속성을 알아보자. 바로 예금과 주식, 부동산이다.

먼저 예금은 언제든지 찾을 수 있고 원금 손실이 생길 위험이 거의 없으니 유동성과 안정성이 매우 뛰어나다. 반면 금리가 낮으니 수익성은 좋지 않다고 볼 수 있다. 그렇다면 주식은 어떨까? 주식도 언제든지 팔아 현금화할 수 있으므로 유동성이 좋고 높은 수익이 날 가능성도 있으니 경우에 따라 수익성도 좋다고 할 수 있다. 하지만 반드시 원금 보장이 되는 것이 아니며 손실 위험도 있어서 안정성은 좋지 않다. 부동산은 과거의 경험에 비추어볼 때 원금이 손실될 가능성이 낮아서 안정성은 어느 정도 좋다고 볼 수 있고 장기적으로 수익성도 좋아 보인다. 다만 큰 단점은 빠르게 현금화하는 데 한계가 있어 유동성은 좋지 않다는 것이다.

부동산의 대표적인 것 중 하나가 토지(땅)인데 위치나 크기가 제각각 다르고 팔려는 사람과 사려는 사람도 소수라서 시장의 정확한 거래 가격이 없다. 따라서 이것은 팔려는 사람의 입장에서 거래를 통해 현금화하는 데 상당한 시간이 걸린다. 다시 말해 토지를 보유한다면 돈이 묶여 유동성이 매우 떨어진다.

하지만 부동산 중에서도 주택은 이야기가 조금 다를 수 있다. 산속에 지은 전원주택이라면 앞서 말한 토지와 특징이 비슷하겠지만 도심의 주택, 그중에서도 특히 아파트 같은 물건은 매우 균일한 특징을 가지고 있다. 아울러 위치와 크기, 그 상품의 특징이 만인에게 널리 알려져 있고 공개되어 있다. 따라서 시장에서 사려는 사람과 팔려는 사람이 다수이고 시장의 거래가 활발하므로 가격이 정해지기 용이하다. 이런 특징은 아파트가 부동산임에도 불구하고 유동성을 높여주는 기능을 한다.

시장의 분위기에 따라 차이는 있겠지만 아파트를 현금화하기 위해 시세대로 내놓는다면 매수자를 찾는 데 그리 오랜 시간이 걸리지 않는다. 정말로 급해서 빨리 현금화해야 한다면 급매로 내놓아 시세보다 5~10% 정도 가격을 낮추면 어떤 상황에서도 금세 사려는 사람이 나타난다. 따라서 아파트는 절대 돈이 묶이는 것이 아니다. 다른 부동산처럼 돈이 묶인다는 생각은 섣부른 판단이다. 현재 서울 신축아파트의 전세 가격이 매매가의 70%에 육박하는 것을 보면 더욱 그렇다. 집을 보유하지 않고 전세로 거주한다고 하더라도 집값의 70%가 들어가기 때문에 집을 보유하는 것 자체가 돈을 묶는다는 표현은 과장된 말이다.

PART 2

똑똑한
아파트
하나를 위한
플랜 만들기

내집마련 '골든타임'
결혼 후 15년 안에 끝내라

대한민국에서 똑똑한 아파트 한 채를 소유하고 있다면 주거 안정은 물론이고 비상시 어느 정도 자산으로서의 역할도 기대할 수 있다. 집을 팔지 않더라도 대출을 이용해 자금을 융통할 수도 있고 집을 줄여 일부를 노후소득으로 활용할 수도 있기 때문이다. 따라서 우리나라에서 아파트를 가지고 있으면 부동산이 아니라 현금을 보유한 것이라고 봐도 손색이 없다.

하지만 아파트 하나가 모든 것을 해결해줄 수는 없는 법이다. 평생 벌어 달랑 집 한 채만 가지고 은퇴할 수는 없는 일이다. 그래서 내집마련은 무한정 미룰 수 없으며 분명히 시기적인 목표도 가지고 있어야 한다. 어떤 일이든 시간적인 목표가 없다면 숙제는 계속 미루어지기 마련이다.

내집마련을 하고
진짜 집주인이 되는 시기

:

그렇다면 내집마련이라는 숙제는 과연 언제까지 끝내야 하는 것일까? 여기서 '내집마련 숙제를 끝낸다'는 뜻은 내집의 대출이 최소 20% 이하가 되는 경우를 말한다. 5억 원짜리 집이라면 자기자본이 4억 원은 되어야 진정한 집주인이라고 할 수 있다. 집의 대출이 20% 이하라면 앞으로 집을 소유하고 유지하는 데 큰 부담이 되지 않기 때문이다. 이 정도의 대출 비율이라면 여유자금이 생긴다고 해도 싼 이자의 주택대출을 강박적으로 상환하는 것보다는 다른 투자에 돈을 넣는 것이 오히려 낫다. 누구나 처음부터 100% 자기 돈으로 집을 사는 경우는 드물다. 따라서 집주인이라고 해도 모두 진짜 집주인은 아니다.

그렇다면 일단은 대출을 받아 집을 샀다면 언제까지 진짜 집주인이 되어야 하는 걸까? 앞서 언급한 대로 노후준비도 필요하기 때문에 언제까지나 대출이 많은 집을 그대로 둘 수는 없다. 결혼을 했다면 최소 결혼 후 15년 이내, 싱글이라도 50세 전까지는 진짜

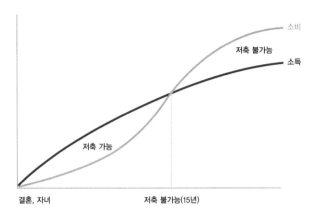

● 주택자금을 위한 골든타임 ●

소비

저축 불가능

소득

저축 가능

결혼, 자녀　　　　　　　　저축 불가능(15년)

집주인이 되어야 한다. 그래야 은퇴 전까지 부족한 노후준비를 보완할 수 있다.

　내집마련을 위한 골든타임이 결혼 후 15년이라고 하는 이유는 무엇일까? 필자는 수많은 직장인을 만나봤는데, 월 소득 300만 원부터 무려 3천만 원까지 천차만별이었다. 그런데 소득이 높고 낮음을 떠나 대한민국에 사는 사람이라면 누구든 결혼한 지 15년이 지난 후에는 저축을 단 한 푼도 하지 못한다. 자녀가 중·고등학교에 입학할 즈음이 되면 자녀교육 비용이 급격히 올라가서 저축은 거의 불가능해지기 때문이다. 이는 월 소득이 3천만 원인 가정도 예외는 아닌데, 보통 소득이 늘어날수록 소비하는 금액 또한 훨씬 늘어나기 마련이다. 실제로 필자가 만났던 전문직 맞벌이 부부 중에는 월 소득이 3천만 원이지만 한 푼도 저축하지 못하는 경우가 있었다.

얼핏 보기에는 이해가 안 될 수도 있다. 하지만 소득이 이 정도면 소비 또한 상상을 초월할 정도로 높다. 따라서 소득수준과 무관하게 결혼 후 15년까지가 내집마련에 온전히 집중할 수 있는 시기라고 할 수 있다.

> **진짜 집주인을 완결해야 하는 시기적 목표**
> • 기혼자: 결혼하고 최대 15년 이내
> • 비혼자: 최대 50세 이내(사회적 정년 15년 전까지)

싱글에게도 내집마련 골든타임이 있다

⋮

그렇다면 평생 싱글로 살아가는 경우는 어떨까? 얼핏 생각해보면 이런 경우는 내집마련에 대한 부담이 훨씬 적은 듯 보인다. 일단 자녀에 대한 경제적 부담이 없고 집의 규모도 반드시 꼭 3인 이상이 생활할 만한 80~100㎡ 정도까지 클 필요가 없기 때문이다. 하지만 현실은 그렇지 않다. 싱글은 '똘똘한 아파트 하나'를 만드는 데 오히려 불리한 점이 더 많다. 결혼한 경우보다 더 집중하지 않으면 만만치 않다는 뜻이다.

그 이유로는 첫째, 결혼한 경우 맞벌이가 가능하지만 싱글은 그에 비해 소득이 낮다. 둘째, 우리나라는 대체로 작은 집일수록 면적 대비 집값이 비싸다. 그도 그럴 것이 소형아파트는 늘어나는 수요에 비해 아직 공급이 적기 때문이다. 보통 3인 이상 가구가 거주하는 80~100㎡ 크기의 딱 절반인 40~50㎡ 정도 크기의 아파트는 찾아보기 힘들다. 똘똘한 한 채라면 반드시 아파트여야 하는데 이렇게 작은 아파트가 없으니 결국은 혼자라도 60~70㎡를 사야 한다. 혼자 버는 싱글이 좋은 지역에 60~70㎡ 정도의 아파트를 마련하는 것은 맞벌이 부부가 80~100㎡ 정도의 주택을 마련하는 것에 비해 훨씬 어렵다. 셋째, 평생 싱글로 사는 경우 자녀교육비는 안들지 몰라도 본인의 취미나 레저에 투자하는 비용이 오히려 클 수 있다. 자녀를 키우는 부부들은 많은 시간과 비용을 자녀에게 들이기 때문에 그만큼 취미나 레저에 비용을 빼앗기지 않는다. 하지만 싱글의 경우는 그렇지 않다.

싱글의 내집마련이 더 어려운 이유
① 결혼한 맞벌이에 비해 소득이 낮다.
② 60~70㎡ 주택이 가장 비싸다.
③ 취미나 레저를 위한 비용이 증가한다.

따라서 싱글이라고 하더라도 최소한 내집마련은 경제활동이 중단될 수도 있는 사회적인 정년 65세에서 최소한 15년 전인 50세까지는 내집마련을 끝내야 한다. 대출을 받아 일찍 집주인이 되었다고 하더라도 최소한 50세 전까지는 대출을 어느 정도 갚아 진짜 집 주인이 되어야 한다는 것이다. 위의 표에서 자신의 내집마련 골든 타임은 언제쯤인지 파악해보길 바란다.

● 플랜 1. 내집마련 골든타임 만들기(무주택자의 경우) ●

구분	골든타임	남은기간	비고
미혼 ☐ 기혼 ☐	년 월	년	

내집마련의 자금목표는
결혼 전부터 만들어라

많은 사람들이 적극적으로 내집마련에 집중하는 동안 망설이며 시간을 허비하는 사람들도 많다. 바로 자신에게 맞는 '똘똘한 아파트 한 채'에 대한 '자금목표'가 없기 때문이다. 언제까지 내집마련을 끝내야 하는지 확인했다면 이제는 자신의 소득 중 어느 정도를 내집마련에 쏟아부어야 하는지 자금목표를 만들어보자. 처음부터 자금목표를 명확하게 세우지 않는다면 똘똘한 아파트 한 채로 내집마련은 성공하지 못할 수도 있다.

그렇다면 얼마나 비싼 집을 사야 미래에 경제적으로 손해가 없는 것일까? 결론은 단순하다. 지나온 과거에 대한민국의 주택 가격은 단기적으로 상승과 하락을 반복했지만 장기적으로는 그 어떤 자산보다도 높은 상승률을 보여왔다. 2015년부터는 가격이 양극화되어 상위 지역일수록 상승률이 높았다. 앞으로 30년은 이런 추세에 큰 변화가 생기지 않을 것이다. 그렇다고 마냥 상위 지역에 비싼 집을 사겠다고 덤벼서도 안 된다. 소득에 비해 무리하게 비싼 집을 마련한다면 대출을 상환하는 데 오랜 시간을 빼앗길 수도 있다.

주택이 아무리 자산의 성격이 강하다고 해도 아무런 준비 없이 달랑 주택 하나만 가지고 은퇴를 맞이할 수는 없다. 그래서 현재의 소비 생활도 어느 정도는 고려해야 한다. 반면 소득수준에 비해 너무 낮은 집을 선택한다면 미래의 안정적인 자산을 위해 모아야 할 돈마저 당장 소비로 흘러가버릴 수 있다. 이렇게 되면 자신과 소득수준이 비슷한 다른 사람들에 비해 상대적으로 은퇴 이후의 자산가치가 매우 낮아질 수도 있다. 따라서 최소한 일정한 기준은 가지고 있어야 한다.

결혼 전부터 소득의 50%는
내집마련을 위해 저축하라

⋮

직장생활을 이제 막 시작한 사람이라면 가장 이상적인 저축률은 소득의 60% 정도다. 물론 월급이 너무 적어 고정비(교통비, 통신비, 중

식비 등) 비중이 클 수밖에 없는 상황이라면 불가능하겠지만, 월 소득 250만 원이 넘고 월급에서 주거비용(전세자금대출 이자, 월세)이 별도로 들어가지 않는다면 저축률 60%는 반드시 실천해야만 한다. 그중에 보험이나 장기 저축 등 10%를 제외하면 최소 50%는 결혼과 내집마련을 위해 저축해야 한다. 다시 말해 월급 300만 원을 받는 신입 직장인이라면 월급의 60%인 180만 원을 저축해야 하고 그중에서 월 소득의 50% 수준인 150만 원을 결혼자금이나 내집마련을 위해 저축해야 한다는 말이다.

이 저축률은 처음부터 실행해야만 지속 가능하다. 처음엔 소득의 60~70%를 쓰고 30% 정도만 원만 저축하던 사람이 한참 지난 후에 정신을 차리고 60%가량을 저축해보려고 해도 쉽지 않다. 결혼자금과 내집마련을 위한 저축은 결국 같은 개념이다. 결혼자금 중에 80% 이상이 전세자금이고 이 돈은 훗날 내집마련의 종잣돈이 된다.

월 소득의 50%를 미래의 결혼자금과 내집마련에 사용해야 한다는 말은 50% 이상을 내집마련에 쓰지 말라는 뜻이 아니다. 소득이 매우 높아서, 또는 여러 이유로 소비를 더 낮게 유지할 수 있다면 당연히 더 많은 돈을 저축하는 게 좋다. 다만 어떤 경우라도 최소한 미혼 시절에 월 소득의 50%는 내집마련을 목표로 저축해야 한다는 점을 잊지 않길 바란다.

내집마련을 위한 구체적인
자금목표를 만들어보자

⋮

현재 미혼인 박지연 씨(33세, E매거진 대리)는 월 소득이 320만 원이다. 4년 전 신입사원일 때 첫 월급이 280만 원 정도였다. 그녀가 어느 정도를 결혼자금과 내집마련을 위한 저축에 써야 할지 생각해보자. 그녀의 적절한 자금목표는 다음과 같다. 지금 소득 기준으로 내집마련에는 50% 수준인 최소 160만 원을 저축해야 한다. 하지만 만일 상황이 여의치 않다면 최소한 신입 때 월 소득(280만 원)의 50% 수준인 140만 원은 내집마련(결혼자금)에 사용해야 한다.

그런데 만일 그녀가 3년 후 결혼 계획이 있다고 가정해보자. 그녀와 미래 배우자, 이렇게 두 사람이 내집마련에 사용해야 할 자금목표는 어느 정도일까? 아직 배우자가 정해지지 않았다면 앞에서 언급한 미래 배우자 소득 예측(43쪽 참조)을 기준으로 생각해보자. 여성의 경우 '본인 소득×(0.9~1.4)'다.

이 계산대로라면 박지연 씨 커플이 월 주택자금으로 저축해나갈 금액은 월 360만 원 정도가 된다. 만일 3년 후 3억 원의 전세자금을 가지고 결혼한다고 가정하면 박지연 씨의 내집마련을 위한 자금목표는 다음과 같다.

① 최초 전세자금 3억 원, ② 15년간 월 360만 원으로 모은 7억 9천만 원을 합해 10억 9천만 원이다. 내집마련 숙제를 완성하는 것은 집값에 대출이 20% 이하인 경우를 말하는 것이니 박지연 씨가 미래 보유할 주택은 향후 집이 단 한 푼도 오르지 않는다는 가정하에 10억 9천만 원이 집값의 80% 정도 되는 집이다.

그 집은 지금으로부터 18년 후에 가격이 13억 6,250만 원 정도 되는 집이다. 매년 인플레이션율 2%를 적용해 지금의 화폐가치로 환산하면(13억 6,250만 원÷1.0218) 9억 5,396만 원 정도로 18년 후 주택 가격의 70% 정도다. 즉 박지연 씨 커플의 소득수준이라면 지금 최소 9억 5,396만 원 정도 되는 주택을 목표로 삼아야 한다는 결론이 나온다. 하지만 이 가정은 앞으로 집값이 전혀 오르지 않는다는 가정하에 생각해본 것이다. 자기 돈이 집값의 80% 수준까지 도달하는 동안 오로지 저축으로 모은 돈만 기여한다는 가정인 것이다. 하지만 현실에서는 집값도 오른다. 집값이 오르면 가만히 있어도 집값에서 자기 돈의 비중은 올라간다. 따라서 실제로 박지연 씨 커플은 현재 9억 5,396만 원 정도 되는 주택보다 더 비싼 주택을 목표로 해도 괜찮다고 볼 수 있다. 말 그대로 이 수치는 최소한의 주택자금 규모인 것이다.

우선은 지금 당장 자신의 소득 기준으로 최소한의 주택자금 규모가 얼마나 되는지 계산해보자.

● 플랜 2. 내집마련을 위한 자금목표 세우기 ●

구분	저축가능금액	골든타임	ⓐ 투여가능금액
본인 소득(만 원)	만 원	년	만 원
배우자 소득(만 원)	만 원	년	
ⓑ 최초전세자금	ⓒ 미래주택마련자금		ⓓ 현재화폐가치
만 원	ⓐ+ⓑ(만 원) ÷ 80% = ⓒ(만 원)		만 원

내집마련 '빅피처'를
결혼 전에 그려라

자금목표가 나왔다면 이제 그 자금을 가지고 어떤 주택에 도전할지 똑똑한 아파트 마련에 대한 큰 그림을 그려보자. 기간적 목표와 자금목표를 비롯해 어떤 집이 자신에게 맞는지 내집마련을 위한 구체적인 계획과 목표를 결혼 전에 세우는 것이 좋다. 미리 자신의 상황을 파악하고 구체적인 목표를 정해야 그에 맞게 저축하고 대비할수 있기 때문이다. 앞서 언급했던 내집마련의 기간적 목표와 자금목표를 가지고 자신에게 맞는 내집마련을 위한 지역, 크기, 형태를 선정하는 것이다.

본인의 생활권 중 위치가치가
가장 높은 지역을 선택하라

:

결론부터 말하자면 본인의 '자금목표' 또는 '자금목표+α'를 가지고 최대한 자신의 생활권 중 위치적 가치가 가장 높은 지역을 선택해야 한다. 2015년부터 시작된 주택 가격의 양극화는 위치적 가치에 있어서 상위권과 하위권의 주택 가격의 폭을 확대하기 시작했으며 앞으로도 이런 추세는 상당 기간 계속될 전망이다.

> **주택 가격 양극화의 원인**
> ① 초저성장, 초저금리로 인한 안전자산 쏠림현상
> ② 상위 지역일수록 분양공급과 매도공급의 부족
> ③ 소득 상위 가구와 하위 가구의 양극화

지역별 주택 가격의 양극화는 매우 낮은 경제성장률과 그로 인한 초저금리가 가장 큰 원인이 되고 있다. 당장 경제성장률이 과거와 같이 4~5%로 회복되지 않는다면, 자산에서 나오는 현금흐름의 크기보다 현금흐름의 지속성이나 안정성이 높은 안전자산에 대한 쏠림현상이 계속될 전망이다.

모두가 알다시피 부동산에서 월세 현금흐름이 가장 안정적인 것은 대도시의 아파트다. 특히 현재 부동산시장의 주택공급은 서울을 기준으로 모두 선호하는 지역보다 수도권 외곽에 집중되고 있

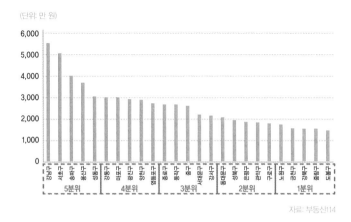

● 2019년 말 서울 지역 아파트 평당가격 5분위 ●

(단위: 만 원)

자료: 부동산114

다. 따라서 실제 선호지역의 거래는 집을 새로 지어서 분양하는 신
규공급이 아니라 이미 지어진 집을 파는 '매도공급'에 의존하는 형
편이다. 그러나 보통 선호지역은 매도공급 또한 매우 적기 마련이
다. 매도공급이란, 주택시장에서 집을 팔려는 사람들이 내놓은 물
량으로 생기는 공급을 말한다.

또 주택 가격이 양극화되는 원인은 상위 가구의 소득 상승률이 하
위 가구에 비해 높은 것처럼 주택 가격도 이런 추세가 계속되리라는
예상 때문이다. 서울 지역의 아파트 매매가격을 5분위로 나누면 위
그래프와 같은 결과가 나온다. 이것은 결국 시장의 생리로 현재 아
파트에 대한 사용가치(위치가치+신축가치)가 서열화되어 가격에 영향을
미쳤다고 볼 수 있다. 물론 이렇게 서열화된 사용가치가 앞으로 절
대 변하지 않는다는 보장은 없다. 신축가치는 시간이 지남에 따라

● 플랜 3. 내집마련 지역 선정 ●

목표시기	자금목표	지역 선정	1m²당 가격
년 월	억원	시 구 동	만원

감소하고 신축아파트가 대량으로 공급되면 올라간다. 위치가치는 여간해서는 변하지 않지만 달라지는 경우도 종종 있다. 우리가 주변 지역을 꾸준히 관찰해야 하는 이유가 바로 여기에 있다. 서울에는 대규모의 신축아파트 공급이 쉽지 않다는 점을 생각하면 결국 위치가치가 서열에 가장 큰 영향을 주는 것으로 보인다.

그렇다면 내집마련을 위한 지역을 미리 선정해보도록 하자. 물론 지역을 선정했다고 해서 나중에 반드시 그곳으로 가야 하는 건 아니다. 위치가치 서열이 비슷한 곳으로 가면 된다.

가장 수요가 많은
크기를 선택하라

⋮

이제 지역목표가 정해졌다면 어떤 크기의 주택을 목표로 할지도 생각해보자. 본인의 '자금목표' 또는 '자금목표+α'를 가지고 최대한 위치가치가 높은 집을 목표로 하는 것이 바람직하다. 그렇다면 주택의 크기는 자연스럽게 작아질 수밖에 없다.

앞서 언급한 박지연 씨의 저축목표는 월 360만 원이었고 내집마련 목표가 현재 화폐가치로 최소 9억 5천만 원인 주택이었다. 만일 9억 5천만 원 정도로 살 수 있는 주택이 5분위 지역과 4분위 지역, 3분위 지역에 각각 있다면 되도록 5분위 지역의 주택을 선택해야 한다. 그렇게 되면 당연히 주택의 크기는 작아질 수밖에 없다. 다시 말해 3분위 지역의 대형평형, 4분위 지역의 중형평형보다 5분위 지역의 소형평형을 선택하는 것이 바람직하다는 뜻이다.

> **위치가치를 고려한 주택 평형 선택**
> 5분위 소형 〉 4분위 중형 〉 3분위 대형

하지만 여러 가지 이유로 대형평형에 거주해야 한다면 소유하고 있는 중소형은 전세를 주고 본인은 대형평형에 전세로 살면 된다. 다만 12·16 대책 이후에는 보유만 하고 거주하지 않을 경우 장기보유특별공제율을 50%로 낮춘다는 규정이 생겼다. 그러므로 부득이하게 단기간만 보유하는 게 아니면 되도록 보유와 거주가 같은 것이 유리하다.

● 플랜 4. 내집마련 크기 선정 ●

목표시기	자금목표	지역 선정	평형
년 월	억 원	시 구 동	

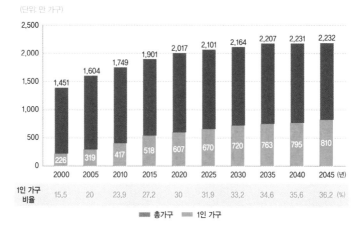

자료: 통계청, 장래가구추계

현재 대한민국에서 단위 면적당 가장 비싼 주택은 중소형 주택 (80~110㎡)이다. 그만큼 2~3인 가구의 비중이 가장 크기 때문이며 앞으로도 이런 추세는 큰 변화가 없을 것으로 예상된다. 특히 2~3인 가구는 결혼한 미자녀 부부이거나 1명의 자녀를 둔 맞벌이 부부로, 교육에 관심이 많고 가구소득이 가장 높아서 상위 지역의 집값을 견인하는 계층이다. 따라서 중형(90~110㎡) 주택은 향후 수요가 많고 매도공급이 적은 가장 인기 있는 크기가 될 것이다. 소형주택도 그다음으로 비싸질 가능성이 높은 형태다. 1인 가구가 급증하고 있기 때문이다.

1인 가구는 2~3인 가구에 비해 절대소득은 낮지만 가구 수의 증가폭이 가장 빠르다. 똑똑한 한 채가 미래에도 상대적인 자산가치가 상승하거나 적어도 하락하지 않는 주택을 의미한다면, 그것은 대형주택보다는 지금처럼 중소형주택이 될 가능성이 높다고 봐야 한다.

주택 형태는 500세대 이상의 공동주택을 선택하라

⋮

주택의 크기까지 생각해보았다면 주택의 형태도 고민할 필요가 있다. 주택의 형태는 세부적으로 단독·다가구·다세대 등으로 구분할 수 있지만 크게는 단독주택과 공동주택으로 나누어진다. 그렇다면 똘똘한 한 채라는 목표를 위해서는 어떤 주택을 선택하는 게 좋을까?

현대를 살아가는 우리는 이전보다 훨씬 더 편리한 도시생활을 누리고 있다. 하지만 과거에 비해 크게 늘어난 각종 강력범죄로 인한 불안감도 느끼게 되었다. 그에 따라 집을 고를 때 사람들이 가장 중요하게 여기는 요소는 바로 안전이다. 편안하고 안전한 생활을 보장받기 위해서는 각종 범죄로부터 멀어질 수 있도록 확실한 치안이 확보되어야 한다.

공동주택을 선택해야 하는 첫 번째 이유는 공동주택이 치안 면에서 단독주택에 비해 유리하기 때문이다. 1990년대 이후 아파트 가

● 플랜 5. 내집마련 형태 선정 ●

목표시기	자금목표	지역 선정	평형	형태
년 월	억 원	시 구 동		

격이 급등한 이유는 대중의 이런 안전에 대한 욕구가 크게 작용한 것이라고 볼 수 있다. 이런 현상은 앞으로도 계속될 것이다. 집으로 접근하는 동선에 좁은 골목이나 통행 인원이 적은 이면도로가 포함되어 있다면 늦은 밤 귀가하는 노약자나 여성들은 불안할 수밖에 없다. 또 아무리 보안이 잘 되어 있다고 해도 단독주택은 상대적으로 외부 사람의 침입에 대한 불안감이 있다. 따라서 수백 세대가 함께 있는 공동주택은 한적한 곳의 주택이나 소수의 주택이 모여 있는 곳보다 비교적 더 안전하다는 장점이 있다.

공동주택을 선택해야 하는 두 번째 이유는 주거지를 기반으로 한 편의시설들이 잘 조성되어 있기 때문이다. 공동주택의 경우 일반주택이나 단독주택에 비해 단위 면적당 가구 수가 많아서 각종 편의시설이 밀집한 상가가 발달되어 있다. 그 밖에도 자녀교육을 위한 학원, 그리고 병원들이 콤플렉스(복합) 형태로 잘 조성되어 있기 마련이다. 이런 점은 공동주택의 사용가치를 높여주는 장점이 된다.

셋째로 공동주택의 경우 주변에 접근성이 좋은 초·중·고등학교가 잘 조성되어 있다는 점을 들 수 있다. 특히 대단지의 공동주택에

84 이제는 똘똘한 아파트 한 채가 답이다

거주하는 아이들은 대개 학부모들의 경제력이 비슷한 편이다. 좋은 면학 분위기를 조성하려면 같은 학급의 친구들 간에 가정환경이 크게 차이 나지 않고 비슷한 것이 좋다고 여겨지는 만큼 교육환경이 중요한 고려사항이 된다.

넷째로 공동주택은 이런 여러 가지 이유로 항상 안정적인 수요가 존재한다. 그러면 주택 가격이 안정적이고 향후 긴급하게 현금화해야 할 상황이 생기더라도 단독주택이나 일반주택에 비해 빠른 현금화가 가능하다. 공동주택에는 대표적으로 아파트, 빌라, 연립주택이 있지만 수백 세대가 함께하는 특징을 생각한다면 가장 좋은 형태는 아파트라고 볼 수 있다. 지금까지 이야기한 공동주택의 이점을 가장 많이 지니고 있는 것이 바로 아파트이기 때문이다.

> **세대수가 많은 공동주택의 이점**
> ① 주거 치안이 유리하다.
> ② 편의시설이 잘 조성되어 있다.
> ③ 교육환경이 좋은 편이다.
> ④ 주택 가격이 안정적이고 현금화가 쉽다.

내집마련 '종잣돈 만들기' 정기적금이 기본이다

주변에서 주식 투자로 집을 샀다는 말을 들어본 적이 있는가? 암호화폐 등에 투자해 대박이 나서 내집마련을 했다는 성공담을 들어본 적이 있는가? 필자는 전혀 없다. 우리가 흔히 말하는 투자의 대명사인 주식을 생각해보자. 투자란 항상 불확실성을 동반한다. 따라서 성공할 가능성과 실패할 가능성이 공존할 수밖에 없다. 이길 때도 있지만 질 때도 반드시 있다는 뜻이다. 궁극적으로 그 투자가 성공하려면 이길 때 많은 수익을 확보하고 질 때는 손실을 되도록 적게 보는 방법이 최선이다. 성공적인 투자란 결국 승률을 높이는 데 있다.

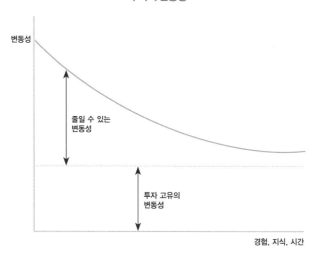

● 투자의 변동성 ●

변동성

줄일 수 있는
변동성

투자 고유의
변동성

경험, 지식, 시간

　승률을 높이려면 특별한 노력이 필요한데, 많은 경험과 지식을 쌓는 것이다. 또한 여기에 더해 꼭 필요한 것이 있는데 바로 시간이다. 단기간에 성과를 내야 하는 투자는 승률을 높일 수 없기 때문이다. 어느 정도 시간이 확보되어야만 변동성을 줄이고 투자의 성공 확률을 높일 수 있다. 그런데 경험과 지식, 그리고 시간을 통해 줄일 수 있는 변동성이 있고, 아무리 경험과 지식이 뛰어나며 장기간 투자한다고 해도 줄일 수 없는 투자 고유의 변동성도 있기 마련이다. 결국 투자란 스포츠와 같아서 항상 이길 수는 없다. 다만 승률을 높이는 것이 최선일 뿐이다.

　결국 투자를 통해 내집마련을 한다는 것은 쉽지 않은 일이다. 왜냐하면 어떤 투자를 하든 2년 이상 지속하기가 어렵기 때문이다.

쉽게 예를 들어 무주택자라면 2년에 한 번씩 전·월세 계약을 갱신해야 한다. 그런데 만약 다음 전세 계약까지 종잣돈을 모으는 방법이 저축이 아니라 주로 주식 투자라면 2년이란 단기간 내에 자금이 회수되어야 하므로 투자 변동성이 커지게 된다.

사람들에게 주거란 기본적으로 안정감을 주는 매우 중요한 요소다. 이런 주택자금의 대부분을 투자로 운용한다면 불안감이 커질 수밖에 없다. 저축에 비해 아주 적은 비중으로 투자하는 것은 상관없겠지만 많은 비중을 투자로 가져가면 곤란하다. 또한 노파심일지 모르겠지만 주식의 경우 성공하면 그 결과물은 대부분 또다시 다른 주식 투자로 이어지는 경우가 많다. 한 번의 성공으로 자기과신(overconfidence)이 커지기 때문이다. 아울러 주식으로 번 돈은 대체로 쉽게 벌었다는 심리가 크게 작용하기 때문에 원래 재무목표보다는 소비(차량 구입, 해외여행 등)로 흘러갈 가능성이 높다. 모두가 경험한 일이겠지만 쉽게 벌면 쉽게 쓰게 된다.

따라서 주택마련을 위한 종잣돈은 정기적인 저축, 바로 정기적금이 기본이 되어야 한다. 앞서 결혼 후 주택자금을 모으기 전에 미혼 때부터 결혼자금을 모으는 것이 매우 중요하다고 언급했다. 어느 정도의 결혼자금을 가지고 시작하는지가 훗날 주택마련에 큰 영향을 미친다. 결혼자금의 80% 이상이 죄초 신혼집을 마련하는 데 들어가고 이 종잣돈이 훗날 내집마련의 초석이 된다.

이제부터 현재 소득을 가지고 어떤 방법으로 돈을 모아나가면서 주택마련을 위한 종잣돈을 만들 것인지 생각해보자. 주변을 살펴보면 비슷한 소득을 가지고도 훨씬 큰 목돈을 모은 사람들이 있다. 이는 같은 기간 동안 더 많이 저축하고 더 적게 소비했다는 뜻이다. 물론 그들에게 대단히 특별한 방법이나 거창한 노하우가 있는 것은 아니다. 공부나 운동처럼 저축도 하루아침에 어떤 결과물을 만들어낼 수 없는 것이기에 결국은 명확한 목표와 꾸준한 실천이 답이다. 명확한 목표와 소비 예산, 꾸준한 저축 습관이 더해진다면 비슷한 소득을 올리더라도 나중에는 놀라운 차이를 만들 수 있다. 저축 습관, 즉 돈을 모으고 굴리는 습관이란 무엇일까?

내집마련을 위한 저축,
강제성 있는 정기적금으로 시작하자

⋮

요즘 직장인들 중에는 매월 꼬박꼬박 납입해야 하는 정기적금 대신 남는 현금을 언제든 인출할 수 있도록 통장에 월급을 넣어놓는 경우가 많다. 은행 적금에 적용되는 금리가 연 2%도 안 되는 초저금리의 상황이어서 벌어지는 현상이다. 하지만 목돈 좀 모아본 사람들은 하나같이 이자율과 저축은 큰 상관이 없다고들 말한다. 돈 모으기의 시작은 언제나 정기적금이다. 자신의 돈이지만 자기 마음대로 하지 못하도록 하는 것, 바로 돈을 바인딩(묶음)하는 것. 그것이 돈 모으기의 핵심이다.

요즘 한창 인기 있는 가계부 앱이 있다. 얼마 전 그 가계부 앱의 버스 광고 문구를 보았는데 정말 무릎을 치게 만드는 문구였다.

"나에게서 내 돈을 지키는 가장 현명한 방법"

이 세상에서 돈 모으는 것을 방해하는 유일한 사람이 있다면 그 사람은 바로 자기 자신이다. 정기적금은 매월 같은 날짜에 돈이 인출되어 은행에 보관되고 신경 쓰지 않아도 차곡차곡 돈이 모인다. 고민할 새도 없이 돈을 빼앗아가기 때문에 가능한 것이다. 이런 정기적금과 달리 원하는 시기에 원하는 만큼 저축할 수 있는 자유적금의 경우 항상 마음먹은 저축목표액을 달성하지 못하기 일쑤다. 저축의 강제성이 떨어지기 때문이다. 하물며 자유적금도 그러한데 남는 돈을 언제든 입출금이 가능한 통장에 보관한다면 어떨까?

시작할 때는 누구나 그 돈을 쓰지 않겠다고 다짐하지만 시간이 지나면 급히 돈을 사용할 곳이 생기기 마련이다. 그때마다 아무런 제약 없이 쉽게 그 돈을 인출하다 보면 결국 그 돈은 목돈이 아니라 생각지도 않았던 지출과 과소비의 제물이 되고 만다. 전세자금, 결혼자금 등 확실한 목돈이 필요한 시점까지 자신이 정한 목표를 달성하고 돈을 지켜내려면 이자율이 높고 낮음에 상관없이 돈을 한곳에 강제적으로 모아두는 정기적금이 기본이 되어야 한다.

상품명	월 납입액	만기일	만기원리금	저축 비중
	만 원	년 월	원	%
	만 원	년 월	원	%
	만 원	년 월	원	%

만기금액은 정확한 금액에 맞춰서 정해라

직장인들이 가입하는 정기적금의 월 납입액을 보면 10만 원, 20만 원 혹은 30만 원, 50만 원이 대부분이다. 이처럼 납입액을 10만 원 단위로 딱 떨어지게 가입하는 이유는 무엇일까? 특별한 이유가 있다기보다는 금액을 기억하기 쉬워서다. 또 적금을 한곳이 아닌 여러 곳에 나눠 가입하다 보니 적은 금액의 적금이 여러 개 생겼을 수도 있다. 큰 금액의 정기적금을 가입하지 못하고 여러 건으로 나눠 저축한다는 것은 목돈을 만든 후 어디에 쓸 것인지 정확하게 정해두지 못했음을 보여주는 것이다. 이렇게 쪼개서 적금을 가입하면 만기가 자주 돌아오기 때문에 다시 어디에 투자해야 할지 고민이 늘어날 수 있다.

실제로 연 1.8% 이자율의 월 30만 원짜리 적금을 1년간 들고 만기가 되면 약 363만 원 정도를 손에 쥐게 된다. 이 정도의 금액이라면 보통 어디에 다시 투자할지를 생각하는 것이 아니라 어디에 쓰면 좋을지부터 생각하는 경우가 많다. 아무리 내집마련의 종잣돈을 만들기 위해 저축을 시작했더라도 적금이 만기되어 돈이 생겼다면, 백화점에서 아이쇼핑을 하면서 나도 모르게 사고 싶은 물건이 눈에 들어올지도 모를 일이다. 또 홈쇼핑에서 광고하는 멋진 패키지 여행상품이 유난히 끌릴 수도 있다.

저축이란 흩어져 있는 현금을 한곳에 모아 목돈을 만드는 것이 목적인데, 이렇게 저축에 대한 목표가 약하고 적은 금액으로 나눠 저축하다 보면 오히려 돈이 부서질 수 있다. 따라서 만일 3년간 결혼자금을 모은다면 정기적금 3년 만기(연 1.8% 이자율)로 5천만 원을 타는 월 135만 원짜리 적금에 가입해보자. 또 1년짜리 적금을 가입한다면 월 42만 원, 83만 원 또는 124만 원, 165만 원을 납입하는 적금에 가입해보자. 그러면 1년 후 에누리 없는 만기금액으로 각각 500만 원, 1천만 원, 1,500만 원, 2천만 원을 손에 쥘 수 있게 된다(세후). 그럼 이제 결혼자금과 내집마련을 위한 저축금액을 다시 설정해보자.

● 내집마련을 위한 정기적금과 기타 저축 재설정 ●

상품명	월 납입액	만기일	만기원리금	저축 비중
	만 원	년 월	원	%

대출 없이 자기 돈으로만 집을 사면 안 되는 이유

돈이란 크게 두 가지를 합친 개념을 말한다. 하나는 실제로 자신이 가지고 있는 돈이고, 또 다른 하나는 빌릴 수 있는 돈이다. 돈이 돈을 번다는 말이 있듯이 돈의 크기가 클수록 그만큼 더 큰돈을 벌 수 있는 기회가 생긴다. 따라서 돈이란 자기가 소유한 돈과 자기가 동원할 수 있는 돈이 합쳐진 개념이다.

은행에서 돈을 빌려 내집마련을 하는 상황을 생각해보자. 은행 입장에서는 우리에게 집값의 몇 %를 빌려줄 것인지를 먼저 결정한다. 그다음에는 빌려준 돈을 우리의 소득으로 제대로 갚을 수 있을지를 따져서 대출을 최종 승인한다. 따라서 집을 사려는 사람은 이

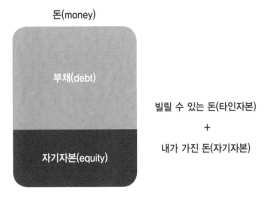

● 돈의 개념 ●

돈(money)

부채(debt)

자기자본(equity)

빌릴 수 있는 돈(타인자본)
+
내가 가진 돈(자기자본)

두 가지의 허들을 통과해야만 하는 것이다. 이때 집값의 몇 %를 빌려줄 것인지를 나타내는 것이 바로 LTV(주택담보대출비율)다. 이것은 어느 지역의 집을 사는지에 따라 최고 40~70%로 제한되어 있다. LTV가 높을수록 집을 사기가 수월해진다.

또한 1년간 대출원금과 이자를 상환하는 금액이 연간소득의 몇 %까지 허용되는지를 나타내는 것이 바로 DTI(총부채상환비율)다. DTI가 없는 지역도 있지만 대체로 40~60%로 허용된다. DTI 또한 높을수록 집을 사는 것이 수월해진다.

만일 연 소득 6천만 원인 무주택자가 투기과열지구에 7억 원짜리 집을 사려고 한다면 몇 %까지 대출이 될까? 이때 LTV는 40%다. 즉 7억 원의 40%인 2억 8천만 원까지 대출이 가능하다는 뜻이다. 그렇다면 이 사람은 세금을 제외하고도 나머지 돈인 집값의 60%, 즉 4억 2천만 원은 가지고 있어야 이 집을 살 수 있다는 결론이 나

주택 가격	구분		투기과열지구 및 투기지역		조정대상지역		조정대상지역 외 수도권		기타	
			LTV	DTI	LTV	DTI	LTV	DTI	LTV	DTI
고가주택 (9억 원) 기준 이하 주택 구입 시	서민실수요자*		50%	50%	70%	60%	50%	50%	50%	50%
	무주택세대		40%	40%	60%	50%	40%	40%	40%	40%
	1주택 보유 세대	원칙	대출 불가능				60%	50%	60%	없음
		예외**	40%	40%	60%	50%	60%	50%	60%	없음
	2주택 보유 세대		대출 불가능				60%	50%	60%	없음
고가주택 구입 시	원칙		대출 불가능				고가주택 기준 이하 주택구입 시 기준과 동일			
	예외		40%	40%	60%	50%				

＊ 서민실수요자: 부부합산소득 연 7천만 원 미만 등(생애 최초 구입은 연 8천만 원 미만)
＊＊ 기존 주택 2년 이내 처분 등

● 12·16 대책에 따른 주택 가격별 LTV ●

차주 유형	목적	아파트 가격	규제지역			비규제지역
			투기지역	투기과열지구	조정대상지역	
가계 대출	아파트 구입용	15억 원 초과	0%	0%	60%	70%
		9억 원 초과~ 15억 원 이하	40%(9억 원 이하)/ 20%(9억 원 초과분)	40%(9억 원 이하)/ 20%(9억 원 초과분)		
		9억 원 이하	40%	40%		
	아파트 구입 이외	9억 원 초과	40%(9억 원 이하)/ 20%(9억 원 초과분)	40%(9억 원 이하)/ 20%(9억 원 초과분)		
		9억 원 이하	40%	40%		

	투기지역(16개)	투기과열지구	조정대상지역	기타
서울	강남, 서초, 송파, 강동, 용산, 성동, 노원, 마포, 양천, 영등포, 강서, 종로, 중구, 동대문, 동작	전 지역	–	조정대상지역 등에 지정되지 않은 나머지 지역
경기	–	과천, 성남 분당, 광명, 하남	과천, 성남, 하남, 고양, 남양주, 동탄2, 광명, 구리, 안양 동안, 광교지구, 수원 팔달, 용인 수지·기흥	
부산	–	–	해운대, 동래, 수영	
대구	–	대구 수성	–	
세종	세종		–	

자료: 국토교통부(2018.12 기준)

온다. 이번에는 1년간 대출이자와 원금을 상환하는 데 연 소득의 몇 %까지 허용되는지 DTI를 알아보자. 표에서 보는 바와 같이 DTI 역시 40%다. 즉 연 소득 6천만 원 중 40%인 2,400만 원까지 이자와 원금상환이 가능하다. 2억 8천만 원을 연 이자율 2.8%로 30년 원리금균등분할 상환조건으로 대출받는다면 원리금이 연간 1,380만 원이므로 대출이 가능하다는 결론이 나온다.

하지만 주택담보대출을 받기 전에 다른 대출이 있었다면 하나를 한번 더 따져봐야 한다. 바로 총부채원리금상환비율(DSR; Debt Service Ratio)이다. 이는 담보대출 이외에 할부, 신용대출, 학자금대출 등 나머지 부채들의 원금상환까지 합쳐서 금융기관의 기준을 통과해야 한다. 그러니까 담보대출과 기타 모든 대출의 원금상환액이 소득의 일정 비율을 넘지 못하도록 하겠다는 대출 규제인 셈이다.

예컨대 연소득 6천만 원인 사람이 주택담보대출의 연간원리금 상환액으로 1,300만 원을 납입하고 있다고 치자. 기타 신용대출의 연간 이자상환액인 500만 원과 합해 1,800만 원(DTI 30%)인 상황에서 만일 한도를 60%로 설정한 금융기관에서 추가 대출을 받는다면 DSR 한도 60%에서 나머지 30%에 해당되는 1,800만 원까지 가능하다고 할 수 있다.

DSR 계산법

$$DSR\ 비율 = \frac{주택담보대출의\ 연간\ 원리금\ 상환액 + 기타\ 대출\ 연간\ 원리금\ 상환액}{연간\ 총소득} \times 100$$

자기자본이 얼마나 있어야 집을 살 수 있을까?

⋮

그렇다면 대출 비율은 어느 정도가 적당할까? 앞에서 다룬 LTV와 DTI의 내용 속에서 그 해답을 찾아보자. 우선 LTV를 제한하는 규제는 은행이 만든 것이 아니라는 점을 기억해야 한다. 은행 입장에서 집주인이 대출의 원금과 이자를 상환하지 못하는 상황에 대비

하기 위해 만든 것이 아니라는 뜻이다. LTV에 대한 규제가 은행 입장에서 어느 정도까지 돈을 빌려줘야 돈을 떼이지 않을 것인지를 관리하기 위해 만들었다면 지금의 주택시장에서는 이 비율을 더 높게 만들었을 것이 틀림없다. 하지만 이처럼 낮게 책정되어 있는 것은 국토교통부, 즉 정부에서 집값 상승에 대한 억제정책으로 LTV 규제를 만들었기 때문이다. 따라서 고가주택이나 투기지역에 대해서는 규제가 더 강하다는 것을 알 수 있다.

이런 정책 방향은 결국 고가주택일수록 주택 가격의 상승률이 더 높았음을 반증하는 것이다. 이런 정책은 오히려 규제가 강할수록 규제지역에 대한 시장의 관심을 증가시키는 효과를 만들어냈다. 즉 시장심리는 그동안 부동산에 대한 억제정책을 쓰는 경우 오히려 시장의 주택 가격 상승압력이 강하다는 반증으로 받아들여지며 오히려 가격 상승을 부추겼다. 반대로 부동산시장을 살리겠다는 정책을 사용하면 오히려 주택시장 부양정책이 주택시장 침체를 우려하는 정부의 정책이라는 뜻으로 해석되어 되레 주택시장이 살아나지 않는 결과로 나타나곤 한다.

앞에서 언급한 대로 내집마련을 위한 적절한 자금목표는 본인 소득의 50% 정도를 결혼 후 15년 동안 쏟아부어 마련해야 하는 수준이다. 이 정도의 목표라면 이제 막 내집마련을 위해 돈을 모으기 시작해 자금 규모가 얼마 되지 않은 사람들에게는 엄청나게 높아 보일 수밖에 없다. 따라서 대부분의 사람들은 내가 목표로 하는 집을

100% 현금을 주고 사는 것이 아니라 우선 대출을 받아 사고 대출은 추후 갚아나가는 방법을 선택한다. 실수요자의 경우 신혼부부나 생애 최초 구입과 같은 조건일 때는 집값의 최대 60~70%까지도 대출이 허용되기 때문에 집값의 40%만 준비되면 나머지 60%는 돈을 빌려 집을 사는 것이다.

그동안 집값 상승률은 은행의 이자율에 비해 훨씬 빠른 상승세를 보였기 때문에, 이 방법은 결과적으로 현명한 선택이 되었다. 하지만 일부 사람들은 대출을 빚이라고만 생각해서 50%까지 대출이 가능함에도 불구하고 집값의 대부분이 모일 때까지 내집마련의 시기를 늦춘다. 그러다 돈이 모이는 속도에 비해 집값이 너무 빨리 뛰는 바람에 낭패를 보기도 한다.

박현희 씨(39세 미혼, 약사)는 지방 출신이지만 20대 때부터 서울에서 혼자 자취하며 대학을 졸업했다. 서울에 살면서 월세가 나가지 않는 내집마련이 첫째 목표였던 그녀는 평소 가깝게 지내던 서울 토박이 약사 선배의 말을 믿고 2017년 초 서울 동작구에 66㎡(20평) 아파트를 샀다. 이때 그녀는 아파트 구매에 10년간 모은 돈 2억 원을 모두 쏟아부었다. 대출은 집값 4억 7천만 원의 60%가량인 2억 8천만 원이었다. 처음에는 대출이 너무 많은 게 아닌가 걱정했지만, 자신이 그동안 갚아나간 금액보다 집값이 스스로 올라간 덕분에 현재 대출 비율은 3년 만에 40% 이하가 되었다. 그녀는 사회 초년생 때부터 직장생활과 함께 주말 약국 아르바이트까지 하면서 열심히 저축한 보람이 있다며 웃어 보였다.

"지금 생각해봐도 선배 말을 듣길 잘했다는 생각이 들어요."

사실 그녀는 선배의 권유에도 불구하고 대출이 싫어 처음에는 자기자본이 최소한 집값의 70%가 될 때까지는 집을 사지 않겠다고 고집을 피웠다. 만일 그때 대출 60%를 받지 않았다면 지금까지 돈을 모아도 그 집은 언감생심 살 수 없는 수준이 되었다.

여기서 꼭 기억해야 할 사실이 있다. 남에게 빌려오는 돈도 그 성질에 따라 좋은 대출이 될 수도 있고 반대로 나쁜 빚이 될 수 있다는 것이다. 남에게 빌린 돈을 자산증식의 가능성이 있는 곳에 투자한다면 그것은 좋은 대출이 된다. 반면 마이너스 통장이나 신용대출, 카드 할부 등으로 빌린 돈이 소비로만 이어진다면 그 대출의 이자율이 아무리 낮더라도 그것은 명백한 빚이다.

주의할 점은 집을 사기 위해 빌리는 대출도 그 이자율보다 향후 집값 상승률이 낮아진다면 나쁜 빚이 될 가능성도 있다는 것이다. 하지만 여러 가지 조건을 종합해볼 때 당분간 집값 상승률이 이자율보다 낮아질 가능성은 거의 없다. 집값 상승률이 과거에 비해 둔화될 가능성은 있지만, 그렇다고 해서 이자율은 높아지고 집값 상승률만 낮아지는 현상은 거의 불가능에 가깝다. 만일 이런 상황에도 불구하고 당신이 대출 없이 현금으로만 내집마련을 한다면, 대출의 도움을 받아 조금 더 상위 지역에 집을 마련할 수 있는 기회를 스스로 박탈해버리는 것임을 기억할 필요가 있다.

〈참고〉

1. 투기지역

- 소득세법 제104조의 2에 따라 기획재정부 장관은 해당 지역의 부동산 가격 상승률이 전국 소비자물가 상승률보다 높은 지역으로서 전국 부동산 가격 상승률 등을 고려할 때 그 지역의 부동산 가격이 급등했거나 급등할 우려가 있는 경우에 그 지역을 지정지역으로 지정할 수 있음
- 직전 월 가격 상승률 〉 전국 소비자물가 상승률 × 130%(공통요건) + 선택요건 중 1 이상 충족
  ① 직전 2개월 평균 가격 상승률 〉 직전 3년간 연평균 전국 가격 상승률 × 130%
  ② 직전 1년간 가격 상승률 〉 직전 3년간 연평균 전국 가격 상승률

2. 투기과열지구

- 지정기준 시행령 제25조
- 해당지역 주택 가격 상승률이 물가 상승률보다 현저히 높은 지역(공통요건) + 선택요건 중 1 이상 충족
  ① 주택공급이 있었던 2개월 동안 해당 지역에서 공급되는 주택의 월평균 청약경쟁률이 모두 5:1을 초과했거나 국민주택규모 주택의 월평균 청약경쟁률이 모두 10:1을 초과한 곳
  ② 주택공급이 위축될 우려가 있는 곳(분양 계획이 30% 이상 감소, 주택건설사업계획 승인 급격하게 감소)
  ③ 신도시 개발이나 주택 전매행위 성행 등으로 투기 및 주거불안의 우려가 있는 곳(주택보급률이 전국 평균 이하, 자가주택비율이 전국 평균 이하, 공급물량이 1순위자에 비해 현저히 적은 경우)

3. 조정대상지역

- 주택법 제63조의 2에 따라 청약과열이 발생했거나 청약과열 우려가 있는 지역 또는 분양, 매매 등 거래가 위축되어 있거나 위축될 우려가 있는 지역에 지정할 수 있음
- 직전 월부터 소급해 3개월간 해당 지역 주택 가격 상승률이 시도 소비자물가 상승률의 1.3배를 초과한 지역(공통요건) + 선택요건 중 1 이상 충족
  ① 2개월간 청약경쟁률 5:1 초과(국민주택규모 10:1)
  ② 3개월간 분양권 전매거래량이 전년동기 대비 30% 이상 증가
  ③ 시도별 주택보급률 또는 자가주택 비율이 전국 평균 이하

PART 3

똑똑한
아파트를 위한
실질적인
행동하기

똘똘한 아파트를 위해
청약저축으로 디딤돌을 만들어라

대한민국 성인이라면 누구나 가지고 있는 청약통장. 이 청약통장은 과연 똘똘한 아파트 마련에 얼마나 도움이 되는 것이며 꼭 필요한 것일까? 결론부터 말하자면 당연히 도움이 되며 반드시 필요하다. 물론 청약통장이 단박에 똘똘한 아파트를 안겨주지는 못한다. 하지만 청약으로 신규주택 분양을 받게 되면 최종 목표인 똘똘한 아파트로 입성하기 전까지 무주택자에 머물러 있는 것에 비해 훨씬 유리할 수 있다(개별 물건이나 지역, 상황에 따라 다를 수 있음). 아무래도 무주택자로 목돈만을 모아나가는 것보다는 주택을 소유해 돈을 모으는 동안에도 주택으로 시세차익을 보는 것이 더 유리할 수 있기 때

문이다. 따라서 청약을 통해 당장 원하는 주택에 입성하지 못한다
하더라도 주택청약에 늘 관심을 가지고 있어야 한다.

청약저축,
기본은 알아두자

2017년 9월 청약제도가 개편된 후 투기과열지구와 조정대상지
역에서의 1순위 자격요건은 이전보다 까다로워졌다. 수도권이나
지방에 상관없이 투기과열지구나 조정대상지역에서는 청약통장
가입 후 2년이 경과하고, 주택의 종류에 따라 24회 이상 납입했거
나 납입금이 청약예치 기준금액 이상이어야 1순위가 된다.

투기지역이나 투기과열지구로 지정된 곳은 물가 상승률에 비해
집값 상승률이 과도하게 높거나 청약경쟁률이 과열되고 향후 주택
공급이 현저히 줄어들 가능성이 있는 곳을 정부가 지정해 수요를

● 민영주택 지역별·크기별 예치금액 ●

구분	서울/부산	기타 광역시	기타 시·군
85㎡ 이하	300만 원	250만 원	200만 원
102㎡ 이하	600만 원	400만 원	300만 원
135㎡ 이하	1천만 원	700만 원	400만 원
모든 면적	1,500만 원	1천만 원	500만 원

지역		자격요건		
		가입기간	납입횟수	기타
투기과열지구 및 조정대상지역		2년	24회	– 무주택 세대주 – 과거 5년 내 다른 주택에 당첨된 적 없는 무주택 세대구성원 – 해당 지역에 1년 이상 거주(대규모 택지는 예외)
그 외	수도권	1년	12회	– 무주택 세대주, 무주택 세대의 세대원
	이외 지역	6개월	6회	

지역		자격요건	
		가입기간	기타
투기과열지구 및 조정대상지역		2년	– 무주택 세대주 – 과거 5년 내 다른 주택에 당첨된 적 없는 무주택 세대구성원 – 해당 지역에 1년 이상 거주(대규모택지는 예외) – 기준 예치금액 충족
그 외	수도권	1년	– 세대주, 세대원 – 기준 예치금액 충족
	이외 지역	6개월	

억제하는 정책을 취하는 지역이다. 그만큼 이런 지역은 집값이 높은 인기 지역이라는 뜻이므로 일반공급이나 특별공급 모두 경쟁률이 매우 높다.

따라서 대부분의 20~30대 무주택자가 주택청약제도를 통해 처음부터 인기 지역으로 입성하기란 쉽지 않다. 우선 신규분양가가

구분	85㎡ 이하		85㎡ 초과	
	가점제	추첨제	가점제	추첨제
수도권공공택지	100%	-	가점제 50% 이하에서 지자체가 비율 조정	
투기과열지구	100%	-	50%	50%
청약과열지역	75%	25%	30%	70%
기타 지역	가점제 40% 이하에서 지자체가 비율 조정		-	100%

보통 2년 전 시세를 기준으로 결정되는 만큼 인기 지역은 분양가가 매우 높다. 그리고 청약가점제가 확대되어 이제 특별분양이 아니고서는 20~30대의 당첨확률이 매우 낮다.

청약가점제란 청약가점이 높은 순으로 분양을 결정하는 제도를 말한다. 따라서 본인의 청약가점이 얼마인지 계산해볼 필요가 있다. 청약가점은 무주택기간과 부양가족, 그리고 청약저축 가입기간에 따라 계산된다. 아파트투유 홈페이지(www.apt2you.com)를 통해 직접 계산해보도록 하자.

최근에는 서울에서 가까운 수도권은 50점 이상, 서울은 60점 이상이 나와야 당첨 가능권으로 보는데, 50점이란 청약통장을 20세에 만들고(15년 이상 17점) 만 30세에 결혼해서 2자녀(부양가족 3명 20점)를 둔 37세의 무주택 세대주(무주택기간 7년 14점) 정도가 받을 수 있는 점수로 쉽게 획득할 수 있는 것이 아니다. 따라서 가점이 높아질수록

● 아파트투유 청약가점 계산기 ●

● 아파트투유 특별공급 안내 페이지 ●

일반분양을 계속 시도해야겠지만 자신의 상황에 맞는 특별공급이 있는지도 체크해봐야 한다.

특별공급이란 정책적 배려가 필요한 사회계층 중 무주택자의 주택마련을 지원하기 위해 일반공급과의 청약경쟁 없이 주택을 분양받을 수 있도록 하는 제도를 말한다(특별공급은 당첨 횟수를 1세대당 평생 1회로 제한). 다만 수도권에서 지방으로 이전하는 기업·공장 종사자 등에 대한 특별공급은 유주택자에게도 공급된다. 특별공급은 경쟁 없이 아파트를 분양받을 수 있기 때문에 최종 목표인 똘똘한 아파트로 갈아타기를 좀 더 쉽게 해준다. 따라서 본인이 특별공급에 해당되는지 아파트투유 홈페이지를 통해 꼼꼼하게 확인해볼 필요가 있다.

호가, 시세, 실거래가, 급매가
여러 주택 가격을 읽어라

내집마련을 준비하다 보면 언젠가 집을 살 정도의 종잣돈(자기 돈과 빌릴 수 있는 돈의 합)이 마련되고 내집마련을 실행할 때가 온다. 집을 사기 전에 주택시장의 흐름을 잘 파악하고 그 변화에 대해서도 이해해야만 시행착오를 줄이고 효과적으로 구입 결정을 내릴 수 있다. 하지만 평소 주택시장에 별로 관심을 가지고 있지 않았다면 결정을 내리기가 쉽지 않다. 그래서인지 많은 사람들이 내집마련과 관련해 가장 궁금해하는 것은 바로 타이밍이다. "대체 언제 집을 사야 하는가?" 또는 "지금이 집을 살 때인가?"라는 궁금증이 꽤 많은 듯하다. 이것은 집을 살 준비는 되었지만 아직 결정을 내리지 못하고 있다는 뜻이기도 하다.

사실 집이란 살 때가 따로 있는 것은 아니다. 모든 사람들이 집을 사야 한다고 말하는 때라도 너무 비싼 가격에 사면 잘못 산 것이 되고, 이구동성으로 집을 사지 말라고 하는 때라도 싼 가격에 산다면 잘 산 것이 될 수도 있다. 하지만 주택 가격에는 여러 가지 종류가 있어서 헷갈리는 경우가 많다. 주택시장을 이해하는 첫걸음은 바로 가격에 대해 제대로 이해하는 것이다. 뒤에서 주택 가격이 어떤 원리로 결정되는지를 배우겠지만 언제나 원리와 맞아 떨어지는 것은 아니기에 평소에 수시로 가격의 흐름을 확인하면서 변화를 잘 파악해야 한다.

호가와 시세란
무엇인가?

⋮

주택시장의 공급에는 크게 '분양공급'과 '매도공급'이 있다. 분양공급이란 새로 지은 집을 시장에 내다 팔아서 생기는 주택공급을 말한다. 이때 주택 가격은 분양가라는 이름으로 정해져 있다. 그에 비해 매도공급이란 주택 소유자가 집을 팔기 위해 시장에 내놓음으로써 생기는 주택공급이다. 이때 주택 가격은 집을 팔려는 사람이 '부르는 값'이라는 뜻에서 '호가(呼價)'라고 부른다. 아무리 호가가 높더라도 오래도록 그 가격에 팔리지 않는다면 그 호가는 결코 시세가 될 수는 없다.

'시세(時勢)'는 일정 시기의 주택 가격으로, 지역별 부동산 중개업소의 실제 거래가격과 시장에 나온 매물의 호가 등을 기준으로 부동산 시세 사이트마다 공시된다. 한동안은 팔려는 사람들이 시세를 올리기 위해 높은 가격에 매물을 내놓거나, 반대로 매수자를 유인하려고 터무니없이 싼 가격에 매물을 내놓는 등 허위매물이 많아서 시세 사이트와 실제 가격에 차이가 있었다. 주택시장에서 가장 많이 사용되는 부동산 시세 사이트는 'KB부동산 리브온(onland. kbstar.com)'이다. 과거 국책은행이었던 주택은행이 전신이어서 오래 전부터 공신력을 가져왔고, 대부분의 금융권에서 주택 대출금액을 산정할 때도 이 사이트의 일반거래가 시세를 이용한다.

높은 호가라도 그 가격에 사는 사람이 생긴다면 시세는 당연히 올라간다. 하지만 반대로 호가에 사려는 사람이 없다면 시세는 낮아지게 된다. 쉽게 말해 호가는 현재 나와 있는 매물의 가격을, 시세는 직전까지의 거래 분위기를 반영한 평균가격이라고 보면 된다. 따라서 장기간 호가가 시세보다 높다면 매물이 적어지고 가격이 상승할 가능성이 있는 매도자 우위 시장 분위기가 형성될 수도 있다. 반면에 장기간 호가가 시세보다 낮다면 매물이 늘어나고 가격이 하락할 가능성이 있는 매수자 우위 시장 분위기가 형성될 수도 있다.

> • 장기간 호가 〉시세 → 매물이 줄어들 가능성 있음
> • 장기간 호가 〈시세 → 매물이 늘어날 가능성 있음

한 가지 주의할 점은 여기서 말하는 시세와 호가는 부동산 시세 사이트에 나온 가격이 아니라 중개업소에 직접 문의해서 확인해야 한다는 것이다. 요즘 시세 사이트가 시장 분위기를 아무리 빠르게 반영한다고 하지만 매도공급은 하루 사이에도 매물을 거두어들이거나 가격을 바꿀 수 있기 때문에 실제 가격은 어떤지 중개업소에 전화해 확인해야 한다.

실거래가와 급매가란
무엇인가?

⋮

대표적인 부동산 사이트에 나온 시세라고 해서 반드시 자기가 구입해야 하는 적정가격이라고 생각해서는 안 된다. 물론 참고할 기준이 되는 것이지만 시장에서는 사소한 뉴스에도 상황이 변하기도 하고 실제 매도자가 집을 내놓는 사정까지 속속들이 알 수 없기 때문이다. 따라서 수급(주택의 실제 수요와 공급)에 따라 얼마든지 시세가 바뀔 수 있다. 따라서 요즘은 시세보다는 실거래가와 호가를 가지고 시장의 분위기를 파악하는 것이 더 좋다.

여기서 실거래가란 실제로 거래된 가격 정보를 말한다. 실거래가는 취등록세나 향후 양도소득세의 자료로 사용되기 때문에 허위로 신고하기 어렵다. 국토교통부 실거래가 공개시스템(rt.molit.go.kr)에서 실거래가 정보가 제공되는데, 요즘은 대부분의 부동산 시세 사이트가 이 정보를 그대로 보여주므로 최근 실거래가의 변화를 쉽게 알 수 있다. 여기에 매도자가 내놓은 실제 매물의 호가를 참고해보면 시장 분위기를 파악할 수 있다.

그렇다면 급매가는 무엇일까? 급매가는 매도자가 급히 팔아야 할 사정이 있어 시세보다 매우 낮은 가격에 내놓은 매물의 가격을 말한다. 따라서 매수자의 입장에서 급매가 매물을 잡는다면 더할 나위 없이 좋은 거래가 된다. 만일 최근에 실거래가의 흐름을 파악

● 아파트 실거래가 앱 '호갱노노' 검색 화면 ●

하고 있다면 이 가격이 진짜 급매가인지 아닌지 바로 알 수 있다. 하지만 실거래가 흐름을 알지도 못하면서 중개업소의 급매가라는 말만 듣고 성급히 집을 사면 안 된다. 따라서 평소에 관심 있는 지역은 당장 살 게 아니더라도 실거래가를 확인해두면 도움이 된다. 급매가란 보통 주택시장에서 매도하는 매물이 적은 시기에는 과거 실거래가보다 5% 정도 낮은 매물을 말하며, 매물이 많을 때는 시세보다 10% 정도 낮은 매물을 말한다.

요즘 부동산 시세 사이트에서는 실거래가와 현재 나와 있는 매물의 호가를 기준으로 정보가 공개된다. 관심 있는 아파트를 지정해놓으면 해당 아파트에 관한 정보가 생길 때마다 알림으로 알려주며, 실제 거래가 이루어진 매매 정보가 있을 경우 실시간으로 그 내용을 보내주기 때문에 시장 상황을 파악하기에 수월하다.

부동산 시세 보는 방법
- 모바일에 부동산 시세 앱 설치하기
- 현재 거주 중인 주택과 관심을 갖는 아파트 2~3곳 알림 설정(알림 설정을 하면 실거래가 정보와 뉴스를 실시간으로 보여준다.)

현재의 주택 가격은
무엇으로 구성되어 있을까

우리나라 사람들은 부동산, 특히 주택에 있어서는 모두가 자칭 전문가들이다. 필자에게도 많은 사람들이 조언을 구한다며 질문을 하는데 주로 특정 지역, 특정 아파트의 전망을 물어본다. 하지만 자신이 생각한 정도의 긍정적인 대답이 나오지 않으면 곧바로 "에헤, 그거 모르시네요? 앞으로 여기에 경전철을 개통할 예정이거든요. 큰 도로도 뚫릴 예정이라서…." 하는 식의 열변을 토한다. 본인이 내린 결론에 확실한 확인 도장을 받고 싶어 물어본 것이다.

주택 가격은 상대적이다. 우리 아파트가 5천만 원 올랐다고 해도 길 건너 아파트가 1억 원이 올랐다면, 우리 아파트는 5천만 원 떨어진 셈이다. 우리 지역에 좋은 호재가 있다고 해도 다른 지역에 상대적으로 더 좋은 호재가 있다면 우리 지역의 가치가 반드시 높아졌다고 볼 수는 없다. 그럼 이제부터 주택 가격이 과연 어떤 가치들로 구성되어 있으며 어떤 가치에 영향을 받는지 정확히 알아보겠다. 이 내용을 잘 익히면 평생 주택을 고를 일이 생길 때마다 큰 도움이 될 것이다. 우선 주택 가격은 크게 사용가치와 투자가치에 의해 결정된다.

주택 가격의 구성요소,
사용가치와 투자가치

⋮

'사용가치'는 말 그대로 사용하기에 얼마나 좋은가를 나타내는 가치다. 집도 큰 틀에서 보면 매일 사용하는 물건과도 같기 때문에 사용하는 데 편리한 이점이 있다면 가치가 높고 가격도 높아질 수밖에 없다. 교통은 편리한지, 어떤 학교가 있는지, 주변에 편의시설이나 녹지환경을 끼고 있는지 등 여러 요소가 있다. 이런 것들은 위치와 밀접한 관련이 있기 때문에 사용가치 중에서도 '위치가치'라고 부른다. 아울러 집이 지은 지 얼마 되지 않은 새집이라면 좋은 구조와 최신 시설을 갖추고 있을 테니 더 높은 가치를 지닌다. 이는 얼마나 새집인지와 관련이 있어서 사용가치 중에서도 '신축가치'라고 한다. 결론적으로 사용가치란 위치가치와 신축가치를 합한 개념이다.

　주택 가격을 구성하는 또 하나의 요소는 바로 '투자가치'다. 사용가치처럼 당장 누릴 수 있는 이점은 아니지만, 주택 소유자에게 훗날 재산의 증가를 가져다줄 가능성이 있는 가치다. 그중에서도 대표적인 것이 '재건축가치'다. 저층 아파트를 부수고 고층 아파트를 새로 지을 경우, 기존에 낮았던 용적률(전체 대지 면적에서 건축물의 모든 바닥 면적을 합친 면적의 비율)이 대폭 늘어나므로 집의 크기는 더 커질 수 있다. 용적률이 2배만 늘어난다고 해도 70㎡ 아파트는 미래에 140㎡ 아파트가 되므로 집이 한 채 더 생기는 셈이다. 매우 작고 낡은 아파트인데도 가격이 수억 원을 훨씬 넘는 경우가 있는데 바로 이 재건축가치 때문이다.

　또 재건축 아파트가 아니더라도 타 지역에 비해서 훗날 집값이 상대적으로 많이 오를 것이라고 각광받는 곳이 있는데 이런 곳 또한 투자가치가 있다고 할 수 있다. 더 정확히는 '기대가치'라고 부른다. 서울 강남은 집값이 떨어지지 않을 거라는 대중의 높은 기대가치를 표현한 '강남불패'라는 말이 있을 정도로 사람들에게 최상위 인기 주거지다. 어느 지역에나 이런 인기 주거지가 있기 마련인데, 인기 주거지의 대부분은 과거 집값 상승률이 높았고 앞으로도 성장이 기대되는 곳이다. 야구경기에서 주자 만루인 상황에서 팀의 가장 강한 4번 타자가 나온다면 다른 때와 달리 큰 기대를 갖는 것과 같은 이치다. 어쩌면 고정관념이라고 볼 수 있는 기대가치는 실제

● 주택 가격의 구성요소 ●

주택 가격 ─┬─ 사용가치 ─┬─ 위치가치(location value)
           │   └─ 신축가치(new built value)   대부분 주택의 가격형성원리
           └─ 투자가치 ─┬─ 재건축가치(rebuilt value)
                        └─ 기대가치(expectation value)

주택 가격에 큰 영향을 미친다.

이런 기대가치가 있는 지역은 실수요뿐만 아니라 이미 집을 보유하고 있지만 추가로 집을 사기 위해 기웃거리는 대기수요도 있고, 상황이 조금만 바뀌면 집을 구매하려고 몰려드는 잠재수요가 항상 있다. 그렇기 때문에 오히려 더 집값이 높아지기도 한다. 지금까지의 내용을 정리해보면 주택 가격은 모두 총 네 가지의 가치로 형성된다고 볼 수 있다.

하지만 재건축가치는 산정하기 힘들다. 재건축사업으로 인한 초과이익에 대해 환수제도가 실시되고, 민간아파트의 분양가상한제 등 재건축사업에 대한 요건이 매우 강화되는 분위기 때문이다. 사실상 10층 이하(용적률 200% 이하)면서 지은 지 30년이 넘은 단지가 아니라면 현실적으로 재건축가치는 '제로(0)'라고 봐야 할 것이다. 아울러 특정 지역, 최상위 인기 주거지가 아니라면 기대가치도 크게 작용하지 않는다. 따라서 거의 대부분의 주택은 오직 사용가치로만 가격이 결정된다고 봐도 무방하다.

부동산 가치를 결정하는 위치가치를 우선적으로 고려하자

:

투자 격언 중에 부동산 가치를 결정하는 중요한 세 가지는 첫째 도 로케이션(위치, 位置), 둘째도 로케이션, 셋째도 로케이션이란 말 이 있다. 그만큼 위치가치가 가장 중요하다는 것을 강조하는 말이 다. 그렇다면 앞으로 보유할 주택을 고를 때 위치가치와 신축가치 중 무엇을 더 우선시해야 할까? 당연히 위치가치다. 근래 분양가상 한제로 인해 신축아파트의 인기가 높아지고는 있지만 장기적으로 보면 위치가치를 더 우선해서 집을 골라야 한다. 아무리 신축가치 가 높다고 해도 사람들이 선호하지 않는 외딴곳(위치가치가 낮은 지역) 이라면 앞으로 상대가치는 높아질 수 없기 때문이다. 동일한 가격 이라면 위치가치가 더 높은 곳을 선택해야 한다.

위치가치나 신축가치 모두 시간이 지나면 달라진다. 그중에서도 신축가치는 시간이 지남에 따라 계속 감소하게 된다. 새집도 언제 까지나 새집일 수는 없기 때문이다. 반면 위치가치는 상대적인 것 이니 타 지역에 비해 증가할 수도 감소할 수도 있지만, 수도권이나 대도시는 새로운 개발로 위치가치가 획기적으로 달라지는 데 한계 가 있다. 따라서 위치가치는 신축가치에 비해 쉽게 변하지 않는다. 다만 상대적인 위치가치는 조금씩 달라질 수 있다.

2000년대로 접어든 지 20년이 된 지금, 전국 주택 최고가 지역은 어떻게 변했을까? 다른 조건이 같을 때 주택 가격이 가장 높다는 것은 위치가치가 가장 좋다는 뜻이니 만일 가격이 변했다면 위치가치도 변했을 수 있다. 서울에서는 강남구가 변함없는 1위였고 경기도에서는 과천, 대구에서는 수성구였지만, 그 밖의 지역은 그사이 모두 변화가 있었다. 물론 대규모 아파트가 새로 생겨 일시적으로 신축가치가 커져서 주택 가격에 변화가 일어난 곳도 있을 수 있다. 하지만 그보다는 시간이 지남에 따라 중심지가 이동하고 위치가치도 변하면서 주택 가격이 달라진 곳들이 대부분이다. 전국의 부촌 지도가 시간이 흐르면서 바뀌는 것을 보면 주택 가격에 가장 큰 영향을 주는 위치가치도 장기적으로는 달라질 수 있음을 알 수 있다.

따라서 똑똑한 아파트를 고를 때 우선적으로 고려해야 하는 것은

● 2000년대 이후 전국 주택 가격 최고가 지역 변화 ●

지역	2000년	2017년 11월
전남	목포(463)	무안(667)
경북	경산(669)	예천(696)
충남	부여(403)	천안(658)
강원	태백(333)	춘천(605)
인천	부평(942)	연수(1,107)
부산	해운대(1,268)	수영(1,284)
광주	동구(519)	서구(661)
대전	서구(747)	유성(840)
울산	중구(904)	남구(936)

* 괄호 안은 2017년 11월 기준 3.3m²당 평균 아파트값

자료: 부동산114 시세종합

위치가치다. 앞으로 시간이 지나면서 위치가치가 타 지역에 비해 어떻게 달라질 수 있는지를 반드시 점검해야 한다. 위치가치 점검 리스트를 보면서 현재 본인이 거주하고 있는 집에 대한 위치가치를 상대적으로 평가해보자. 상대적으로 평가한다는 말은 가격이 비슷한 다른 곳과 비교해 점검해야 한다는 뜻이다. 위치가치는 상대적인 것이므로 절대적인 평가는 바람직하지 않다. 주변이나 다른 지역의 가격이 비슷한 주택에 비해서 해당 항목이 어느 정도나 비교우위가 있는지 생각하며 체크해보자. 주택의 위치가치를 보는 식견을 높일 수 있을 것이다.

위치가치 점검리스트

	상대적 평가		
1. 치안환경 safe neighborhood	우수	보통	부족
주택을 중심으로 반경 0.5㎞(도보 10분) 내 유해환경과 유해시설이 있는가?	☐	☐	☐
주택에서 대중교통 이용지점까지 도보 이동경로의 치안환경은 어떠한가?	☐	☐	☐
주택을 중심으로 반경 0.2㎞(도보 3분) 내 외지인의 출입이나 접근은 있는가?	☐	☐	☐
주택의 주차시설은 야간에 사용해도 안전하고 편리한가?	☐	☐	☐
주택이 자연재해(산사태, 지진, 해일, 홍수 등)로부터 안정성을 갖추고 있는가?	☐	☐	☐
2. 교육환경 good school			
학생들의 거주지는 동일한 수준의 주택들로 단일화된 편인가?	☐	☐	☐

주변 주택 거주자들의 전반적인 소득수준과 교육열은 높은 편인가? ☐ ☐ ☐

초등학교는 접근이 용이하고 도보로 안전하게 등하교하기 편리한 편인가? ☐ ☐ ☐

중·고등학교는 접근이 용이하고 좋은 면학분위기가 형성되어 있는 편인가? ☐ ☐ ☐

사교육시설(학원)의 접근이 용이하고 다양한 선택이 가능한 편인가? ☐ ☐ ☐

3. 교통과 도심접근성 convenient access to popular place

중심업무지구에 대중교통으로 편리하게 접근할 수 있는가? ☐ ☐ ☐

주택에서 고속도로의 접근이 용이한가? ☐ ☐ ☐

주택에서 도시고속화도로의 접근이 용이한가? ☐ ☐ ☐

주택에서 대중교통망과의 연계성이 우수한가? ☐ ☐ ☐

주택에서 지하철역의 접근이 용이한가? ☐ ☐ ☐

※ 중심업무지구(central business district): 고층·복합건물이 밀집되어 있고, 전문직과 일반업무의 사무실, 유명백화점, 고급상점과 음식점, 영화관, 호텔 등이 모여 있으며 가장 많은 일자리가 존재하는 곳이다.

※ 이 평가항목은 요즘과 같이 거미줄처럼 잘 연계된 대중교통망을 감안할 때 도시 안이라면 어디라도 주거지에 따라 평가가 크게 차이 나지 않는 항목이다. 현재 서울의 경우 중심업무지구는 강남 이외에도 여의도, 종로와 중구, 판교 등 여러 곳이 있기 때문이다.

4. 자연환경 인접/조망권 water access and view

집 안에서 강, 호수, 천과 같은 자연적인 물이 보이는가? ☐ ☐ ☐

주택 주변에 강, 호수, 천과 같은 자연적인 물이 있는가? ☐ ☐ ☐

집 안에서 인공장애물 없이 자연의 녹지가 보이는가? ☐ ☐ ☐

주택 주변에 자연적인 녹지나 인공 조성공원이 있는가? ☐ ☐ ☐

집 밖으로 얼마나 멀리 시야가 확보되는가? ☐ ☐ ☐

소득수준에 따라
가치 비중도 달라진다

:

위치가치는 모든 주택에 동일하게 적용되지만 어떤 기준이 더 큰 영향이 있는지는 부유층이 사는 주택과 중산층 주택, 그리고 서민층 주택에 따라서 중요도가 달라진다. 따라서 주택마다 가치 비중을 염두에 두고 점검해야 한다. 주택 가격만으로 부유층, 중산층, 서민층이라고 딱 잘라 구분하기엔 무리가 있다. 그러나 위치가치 평가를 위해 굳이 구분해보자면 서울의 부유층 주택시장은 1㎡당 1천만 원 이상, 중산층 주택시장은 600만~999만 원, 서민층 주택시장은 599만 원 이하로 나눌 수 있다.

> **서울 기준 아파트 1㎡당 주택 가격**
> • 부유층 주택시장: 1천만 원 이상(강남, 서초, 송파, 용산)
> • 중산층 주택시장: 600만~999만 원(양천, 마포, 영등포 등)
> • 서민층 주택시장: 599만 원 이하(동대문, 도봉, 금천, 노원 등)
>
> 자료: 부동산114, 2019년 8월 기준

부유층 주택시장은 위치가치의 네 가지 기준인 치안환경, 교육환경, 교통과 도심접근성, 자연환경과 조망권이 이미 최고 수준이다. 따라서 상대적으로 위치가치가 바뀌는 일이 거의 없다. 다만 다른 지역에 비해 치안환경과 교육환경이 그 밖의 요인들보다 높은 비중을 차지한다. 여기서 주의할 점은 도심접근성이나 자연환경의 가치 비중이 낮다는 것이 다른 지역에 비해 도심접근성이나 자연환경이 나쁘다는 뜻은 결코 아니라는 것이다. 집값에 영향을 덜 준다는 뜻으로 해석해야 한다.

중산층 주택시장은 위치가치의 네 가지 기준 중에서 치안환경과 교육환경, 도심접근성이 가장 중요한 가격 결정요인이다.

서민층 주택시장은 위치가치의 네 가지 기준 중에서 교통과 도심접근성이 가장 중요한 가격 결정요인이다. 이런 지역은 새로운 지하철이 뚫리거나 큰 길이 생기면 주택 가격에 가장 큰 영향을 주는 호재가 된다.

주택 가격의 가치 비중
- 부유층: 치안환경 35%, 교육환경 35%, 교통과 도심접근성 15%, 자연환경 15%
- 중산층: 치안환경 30%, 교육환경 30%, 교통과 도심접근성 30%, 자연환경 10%
- 서민층: 치안환경 15%, 교육환경 15%, 교통과 도심접근성 60%, 자연환경 10%

지역 부동산 전문가인
중개업소 사장님과 친해져라

연예인이 갑자기 집을 방문해 한 끼를 얻어 먹는 TV 인기 예능프로그램에서도 어떤 지역을 방문하든 맨 처음 찾는 곳은 바로 부동산 중개업소다. 그만큼 부동산 중개업소는 그 지역을 잘 아는 전문가이자 지역 정보를 쉽게 얻을 수 있는 곳이다. 아무리 부동산 앱을 모바일에 깔고 실거래가나 시세 정보를 파악한다고 해도 현장 분위기와는 약간의 차이가 있기 마련이다. 따라서 부동산 중개업소와 핫라인을 유지하는 것은 좋은 매물을 찾는 데 매우 중요하다.

당신은 지금 거주하는 지역의 부동산 중개업소 사장님과 얼마나 친한가? 보통은 전세 계약을 할 때 한두 번 마주하는 것이 전부일 수도 있다. 혹시 앞으로도 집을 산다면 그때마다 매매 계약서를 작성할 때 이외에는 볼 일이 없을 것이라고 생각할지도 모르겠다. 하지만 여러분이 주택시장의 흐름을 가장 잘 이해할 수 있는 방법은 바로 지역의 부동산 중개업소 사장님과 친해지는 것이다.

현재 거주하는 곳과 앞으로 목표로 하는 곳이 다르다고 할지라도 우선은 본인이 거주하는 곳의 중개업소 사장님과 자주 대화하다 보면 큰 도움이 된다. 그렇게 되면 뜻밖에 많은 정보를 얻을 수도 있고 내집마련 전략을 짜는 데 좋은 조언을 받을 수도 있기 때문이다. 아울러 집을 사야 할 타이밍을 보고 있다면 목표로 하는 지역의 부동산 중개업소를 자주 방문해야 한다. 본인이 목표로 하는 지역을 가장 잘 아는 사람은 바로 그 지역 부동산 중개업소 사장님이란 사실을 꼭 명심하자.

그 지역을 가장 잘 아는 사람은 부동산 중개업자다

⋮

이효진 씨(41세, S제약 차장)는 직장인 남편과 유치원생 5살 아들까지 3인 가구다. 그녀는 만 40세가 되기도 전인 2016년에 이미 내집마련에 성공했다며 자랑스럽게 성공담을 들려주었다. 그녀가 성공담이라고 자신 있게 말하는 이유는 집을 산 이후 몇 년간 집값이 많이 오르기도 했지만 바로 그 집을 급매가로 샀기 때문이다. 급매가란 시세보다 매우 싼 가격의 매물인데 사실 실제로는 그런 매물을 잡기가 쉽지 않다. 그녀는 휴직 중이었던 3년 전 서울 영등포구 문래동 80㎡(24평) 아파트에서 전세를 살고 있었다. 그때는 하루 종일 돌이 갓 지난 아이와 씨름하다 보면 하루가 어떻게 지나는지 까맣게 잊을 지경이었다.

하지만 아이가 태어난 지 24개월이 넘고 오전 시간을 놀이방에 맡길 수 있게 되면서 그녀는 약간의 여유가 생겼다고 한다. 우연히 아파트 시세를 물어보기 위해 들른 동네 부동산에서 그녀는 한참 언니뻘 되어 보이는 실장님을 만났다. 처음엔 주택에 관한 이야기를 나누다가, 부동산 정보뿐만 아니라 아이 키우는 이야기에서부터 동네 돌아가는 소식까지, 심지어 문화센터에 어떤 무료강좌가 있는지 또 어느 가게에는 무엇이 싸다든지 하는 시시콜콜한 정보도 접하게 되었다고 한다. 그녀에게 부동산 중개업소는 지역사회의 현실감 있는 정보를 접하는 중요한 창구 역할을 해주었던 것이다. 그 이후로 동네 중개업소는 참새가 방앗간을 들르듯 하루에 꼭 한 번 들러 커피를 마시는 사랑방이 되었다.

그녀가 실장님과 특히 더 친해지게 된 계기는 두 사람의 고향이 똑같이 청주라는 것을 알게 되면서부터다. 그녀는 처음엔 비싼 서울 집값 때문에 내집마련에 대해 구체적인 생각을 못했지만, 실장님과 매일 수다를 떨며 여러 정보를 귀동냥하다 보니 자연스레 집에 대한 목표가 생겼다고 한다. 그녀는 "실제로 현장 이야기를 들어 보면 그냥 인터넷으로 보는 것과는 느낌이 천지 차이가 나요!"라고 말했다. 어느덧 자매처럼 많은 이야기를 나누다 보니 그녀의 사정 이나 목표를 정확히 알게 된 실장님. 그녀에게 괜찮은 매물이 나오 면 알려주기도 하고 다른 지역이라도 괜찮은 매물이 나오면 귀띔해 주었다고 한다.

그러던 어느 날 실장님에게 다급한 전화가 걸려왔는데, 그녀가 그동안 눈여겨보던 곳의 바로 옆 아파트가 급매물로 나온 것이었 다. 급매물이라고 하더라도 시세보다 5% 정도 낮은 가격이 보통인 데, 무슨 사정인지 10% 가까이 싼 가격으로 나온 그야말로 보기 드 문 급매물 중의 급매물이었다. 가격으로 보면 바로 사려는 사람이 곧 나올 만한 상황이었다. 당시 그 아파트 시세는 6억 3천만 원이었 다. 하지만 그녀는 실장님의 도움으로 급매가 5억 8,500만 원에 그 집을 계약했고, 일단은 대출을 받았지만 시세보다 매우 싼 가격으 로 구입하는 데 성공했던 것이다.

그 일이 있은 후 지난 3년간 집값도 많이 올라 그녀는 실장님의 조언과 도움으로 집을 산 일이 더할 나위 없는 좋은 결정이었다고 말한다. 그도 그럴 것이 2018년 한 해 동안 전국 지역별 아파트 가 격 상승률 1위를 차지한 곳은 강남이 아니라 바로 서울 영등포구였 다. 5억 8,500만 원에 구입한 아파트의 현재 실거래가는 9억 원을 훌쩍 넘어섰다. 이제 집값의 대출 비율은 크게 부담이 안 될 정도로 낮아졌다. 그녀는 복직한 이후 토요일이면 어김없이 같은 동네가 아님에도 그 부동산에 들러 언니라고 부르는 그 실장님과 오랜 대화를 나눈다고 한다.

중개업소 사장님과 친해지면 급매물 정보도 먼저 얻을 수 있다

⋮

사실 '급매물'이란 특별한 사정이 있는 경우가 아니면 잘 나오지 않는다. 예컨대 해외로 갑자기 이사를 해야 하는 상황이거나 급히 처분해 현금을 확보해야 하는 상황, 그중에서도 특히 인기 지역은 이혼 아니면 상속과 같은 아주 특별한 가정사가 아니고서는 급매물이 절대 나오지 않는다. 이런 식으로 남의 집 숟가락이 몇 개인지까지 아는 것은 결국 부동산 중개업소밖에 없다. 그렇다면 중개업소 사장님이 이런 좋은 매물을 누구에게 줄 것인가? 생각해보자. 당연히 1순위는 즉시 매매 결정을 내릴 수 있는 사람이다.

부동산 중개사에게는 집이 얼마에 팔리는가도 중요하겠지만 그보다는 당장 빠르게 계약이 진행되는 것이 더 중요하다. 가격을 가지고 밀고 당기기를 하다가 매매 타이밍을 놓치면 안 되기 때문이다. 또 요즘처럼 한 개의 매물 정보를 여러 중개업소가 공유하는 상황에서는 시간을 끌다가 다른 중개업소에 거래 기회를 빼앗길 수 있다. 따라서 바로 거래가 성사되는 것이 최우선이다.

중개업소 사장님들은 보통 이런 매물을 구하는 사람들을 이미 여럿 알고 있다. 그중에서도 이런 정보를 가장 먼저 받는 사람은 바로 가장 빨리 거래가 이루어질 수 있는 사람이다. 그리고 2순위는 자신과 가장 친한 사람이라고 봐야 한다. 이런 거래는 그 자리에서 바로 경제적 이익이 생기기 때문에 거래가 가장 빨리 이루어질 사람 중에서도 가족이나 친구 등 중개업소 사장님과 가장 가깝거나 친한 사람일 가능성이 높다. 여러분이 목표로 하는 지역의 부동산 중개업소 사장님과 친해져야 하는 이유가 바로 여기에 있다.

중개업소 사장님과 친해지는 법
• 본인이 거주하는 곳의 부동산 중개업소 방문하기
• 명함 받기
• 주변 정보 듣기
• 전세·월세·매매가 분위기 파악하기

제값 주고 사는 사람 vs. 급매를 잡는 사람

주택시장은 주식처럼 매일 많은 거래가 이루어지는 것이 아니라서 시장의 동향을 실시간으로 파악하기가 쉽지 않다. 만일 시장심리가 상승 쪽으로 돌아서면 대부분의 사람들은 더 높은 가격에 팔려고 매물을 모두 거두어들이거나 호가를 올려버리기 때문에 거래 자체가 없는, 그야말로 파는 사람들이 칼자루를 쥐게 되는 '매도자 우위 시장'이 형성되기 일쑤다.

반대의 상황이 벌어지면 사는 사람이 칼자루를 쥔 '매수자 우위 시장'이 형성되어야 맞겠지만 현실에선 매수자 우위 시장이 나타나는 경우는 매우 드물다. 그 이유는 부동산에 악재가 될 만한 정책이나 부정적인 뉴스가 나오게 되면 집을 팔려는 사람들이 늘어나는 게 아니라 일단 버티고 분위기가 바뀌길 기다리기 때문이다.

먼저 매도자 우위 시장과
매수자 우위 시장을 파악하라

우리나라에서 사람들이 선호하는 인기 지역의 주택공급은 신규 분양보다 매도공급이 대부분이며, 집을 보유한 사람들의 80% 이상이 1주택자이기 때문에 집을 팔 일이 많지는 않다. 하나뿐인 집을 파는 경우는 십중팔구 원래 집을 팔고 다른 곳에 다시 집을 사려고 하는 경우이기 때문이다. 따라서 시장심리가 얼어붙으면 대개는 때를 기다리는 전략을 취한다. 그래서 여간해서는 매수자 우위 시장이 나타나지 않는다.

시장심리가 지역별로 다르기 때문에 개별 물건의 정보는 중개업소나 부동산 시세 사이트를 통해 자주 모니터링해야만 한다. 우선 기본적인 가격 정보를 확인했을 때 가장 최근에 '실거래가'보다 '호가'가 높고, 매물의 숫자가 세대수에 비해서 적거나 아예 없다면 이곳은 매도자 우위 시장이라는 증거일 수 있다.

오른쪽 사진은 부동산 시세 앱에서 검색한 특정 지역의 매물 가격 정보다. 이 아파트의 한 달간 실거래가 평균은 7억 9,500만 원이

● 매도자 우위 시장의 매물 가격 예시 ●

었다. 전세는 평균 5억 원, 반전세(월세)는 보증금 2억 원에 90만 원 정도다. 그렇다면 실거래가보다 호가가 훨씬 높은 상태다. 또한 매물이 거의 없는 상황을 보면 현재 매도자 우위 시장이 형성되어 있다고 볼 수 있다. 하지만 매도자 우위 시장이라고 해서 앞으로 무조건 가격이 오른다고 장담하기 어렵다. 한 달 전 실거래가에 비해 무려 20% 가까이 호가가 올라갔다면 정상적인 가격 상승은 아니다. 그 사이에 이 아파트만의 특별한 호재가 있어야 한다. 그것이 무엇인지 파악해야 한다는 것이다.

만일 가격이 많이 올랐다면 새로운 매수자가 그 이유를 충분히 이해해야만 한다. 매수자가 이해할 만한 특별한 호재가 아니라면 아무리 매물이 없다고 해도 한 달 전 실거래가보다 20% 비싼 가격은 그냥 호가에 불과한 것이다. 이런 경우에는 무턱대고 추격매수

를 할 게 아니라 신중하게 접근해야 한다.

한편 위에서처럼 기본적인 가격 정보에서 최근 실거래가보다 호가가 낮고 매물도 여러 개를 볼 수 있는 상황이라면 이곳은 매수자 우위 시장일 수 있다. 이 아파트의 한 달간 실거래가 평균은 6억 4,200만 원이었다. 전세는 평균 3억 8천만 원, 반전세(월세)는 9천만 원에 90만 원 정도다. 그리고 현재 호가가 실거래가보다 약간 낮다.

만일 목표로 하는 아파트가 이와 같은 상황이라면 현재 강력한 매수자 우위 시장은 아니지만 그래도 호가가 실거래가보다 낮은 만큼 여러 매물을 접촉해서 협상 기회를 높일 수 있다. 여러 매물을 보고 조금이라도 가격을 낮출 수 있는 전략을 세우는 것이 좋다. 집을 매수할 때 목표로 하고 있는 시장이 매수자 우위 시장인지 매도자 우위 시장인지, 아니면 보합세 상태인지를 먼저 파악하는 것은 가격협상 전략을 구상하는 데 아주 중요하다. 현재 눈여겨보는 곳의 시장 상황을 먼저 파악해보라.

비싼 아파트를 피하는 방법, 갑자기 비싸진 집은 신중하자

⋮

집을 산 결정이 잘한 것인지 아닌지는 시간이 한참 지난 후의 결과를 가지고 평가할 수 있지만 어쨌든 당장 조금이라도 싸게 살 수 있다면 그만큼 이익이다. 매수자 입장에서 최선책은 역시 급매물을 잡아 시세보다 낮은 가격에 사는 것이다. 하지만 앞서 언급했듯이 생각만큼 쉽지 않다. 만일 최선이 어렵다면 그다음 차선책을 선택해야 한다. 차선책이란 바로 이유 없이 너무 비싼 집만은 꼭 피하는 것이다.

> **매수자의 최선책과 차선책**
> • 최선책: 싸게 사는 것(급매물)
> • 차선책: 절대 비싸게 사지 않는 것(마땅한 이유 없이 너무 비싼 집은 피하기)

시장을 꾸준히 관찰해오지 않았을 경우 최근 주택시장에 자주 나타나는 매수자 우위 시장 때문에 급한 마음이 들어 갑자기 가격이 급상승한 아파트를 추격매수하게 될 수도 있다. 비싸게 사더라도 그 이후에 계속 가격이 상승한다면 괜찮지만 그렇지 않다면 너무 비싼 가격에 사들인 결정은 두고두고 후회로 남게 된다.

그렇다면 어떤 이유로 갑자기 비싸진 아파트인지 판단하고 최소한 이런 매물을 피하는 방법은 무엇일까? 뚜렷한 호재 없이 매도자가 무리하게 호가를 올린 경우를 잘 가려내야 한다. 우선 주택 가격의 형성원리에 따라 가격에 거품이 있는지 확인해보자. 주택도 자산이다. 주택의 자산 가격은 이 자산에서 발생하게 될 미래의 현금흐름(월세나 전세에서 나오는 현금흐름)이 지금 현재 어떻게 평가되는가에 달려 있다. 따라서 월세나 전세의 현금흐름을 확인해보면 어느 정도는 판단할 수 있다.

같은 지역 3곳에서
월세 대비 호가를 비교해보자

⋮

갑자기 비싸진 아파트를 피하고 현명하게 매수하려면 우선 같은 지역에 있는 3개의 매물을 동시에 비교해볼 필요가 있다.

박현영 씨(37세, 프리랜서)는 아이의 초등학교 입학을 앞두고 내집 마련에 나섰다. 같은 지역에서 총 3곳의 아파트를 비교해보았는데 아이가 다닐 학교의 동선이나 아파트 구조 등을 고려했을 때 최종

● 아파트 매물 비교 예시 ●

구분	크기	실거래가	호가	최고월세가	전세 평균	매물
S아파트	110㎡	7억 3천만 원	7억 5천만 원	1억/75만 원	4억 2천만 원	4
L아파트	105㎡	7억 1천만 원	7억 4천만 원	9천만/80만 원	4억 1천만 원	3
D아파트	100㎡	6억 3천만 원	7억 2천만 원	5천만/70만 원	3억 9천만 원	없음

적으로 D아파트가 제일 마음에 들었다. 하지만 최근 거래된 실거래가가 가장 낮음에도 불구하고 현재 매물이 거의 없어서인지 매물의 호가는 7억 2천만 원으로 실거래가 대비 가장 많이 치솟아 있다는 것이 마음에 걸렸다. 협상을 통해 가격을 좀 깎는다고 해도 1천만 원 이상은 낮아지지 않을 분위기였다. 3곳 모두 이렇다 할 특별한 호재는 없었다. 아이를 학교에 보내기에 모두 무난한 지역이지만 D아파트는 남편의 회사로 직행하는 버스정류장이 가까워 처음부터 눈에 들어왔다. 현영 씨는 최근 가격에 비해 많이 높아지긴 했어도 그냥 D아파트를 사는 것이 맞을까? 우선 주변에 있는 S아파트와 L아파트의 현금흐름을 계산해보자.

S아파트의 연간 현금흐름

보증금 1억 원 × 은행이자 1.5% 감안 = 연간 150만 원

월세 75만 원 × 12개월 =   연간 900만 원
_____

                          합계금액 1,050만 원

L아파트의 연간 현금흐름

보증금 9천만 원 × 은행이자 1.5% 감안 = 연간 135만 원

월세 80만 원 × 12개월 = 연간 960만 원

합계금액 1,095만 원

S아파트는 연간 1,050만 원, L아파트는 연간 1,095만 원이 들어오는 현금흐름이다. 현재 이 아파트에 투자하는 사람들의 요구수익률(투자자가 투자대상에 대해 기대하는 최소한의 연 수익률로, 투자대상에서 나오는 현금흐름이 안정적일수록 낮아짐)은 다음과 같다.

S아파트 요구수익률: $\dfrac{1{,}050만\ 원}{7억\ 5천만\ 원} = 1.4\%$

L아파트 요구수익률: $\dfrac{1{,}095만\ 원}{7억\ 4천만\ 원} = 1.48\%$

S아파트는 연간 1,050만 원이 들어오는데 호가가 7억 5천만 원이다. 투자자는 7억 5천만 원을 투자해서 1년에 1,050만 원을 버는 셈이다. 이때 요구수익률은 1,050만 원÷7억 5천만 원으로 1.4%다. 또 L아파트는 연간 1,095만 원이 들어오는데 호가가 7억 4천만 원이니 요구수익률은 1,095만 원÷7억 4천만 원으로 1.48%라는 결론이 나온다. 이 정도면 은행예금금리 수준인 1.5%보다도 낮은 요구수익률이다.

이렇게 아파트에 대한 요구수익률이 낮은 수준이 되려면 이들 아

파트에서 나오는 미래 현금흐름(월세나 전세)이 은행예금에서 나오는 이자보다 더 안정적이어야 한다. 과연 그럴까? 서울에서 아이를 학교에 보내기 좋은 아파트는 사실상 공실 위험이 제로에 가깝기 때문에 은행이자 이상의 안정성이 있는 자산으로 평가된다. 또 향후 은행금리는 더 낮아질 위험이 있다는 점을 감안하면 이 두 아파트의 평균적인 요구수익률이 은행이자와 비슷한 수준인 1.45%인 것은 결코 이상한 게 아니라고 본다. 따라서 가격은 과히 비싸다고 볼 수 없다. 그렇다면 현영 씨가 마음에 둔 D아파트는 어떨까? 우선 D아파트의 연간 현금흐름을 계산해보자.

D아파트의 연간 현금흐름

보증금 5천만 원 × 은행이자 1.5% 감안 = 연간 75만 원

월세 70만 원 × 12개월 = 연간 840만 원

합계금액 915만 원

D아파트는 연간 915만 원이 들어오는 현금흐름이다. D아파트의 연간 현금흐름에 주변 아파트인 S아파트와 L아파트의 평균적인 요구수익률인 1.45%를 적용한 것이 주변 시세 대비 D아파트의 적정가격이다. 계산해보면 아파트의 적정가격은 6억 3천만 원이다. 따라서 현재 호가인 7억 2천만 원은 주변 시세에 비해 무려 9천만 원이나 올라가 있는 것이다.

$$6억\ 3천만\ 원 = \frac{915만\ 원}{1.45\%\text{(평균 요구수익률)}}$$

D아파트가 시장에서 정말로 7억 2천만 원의 가치를 가지기 위해서는 올라간 호가만큼 월세나 전세가 올라야 한다. 전·월세는 이 아파트의 사용가치에 바로미터가 되는 것으로 올라간 호가와 상응하게 올라가 S아파트나 L아파트와 비슷한 수준이 되어야만 한다. 만일 그 수준으로 현금흐름이 상승한다면 호가 7억 2천만 원은 실제 거래되는 실제 시세로 인정될 수 있을 것이다.

그렇다면 왜 유독 D아파트만 현금흐름에 비해 높은 호가로 나온 것일까? 그 이유는 바로 D아파트가 현재 매물이 없다는 데 있다. 매물이 없다는 것은 다른 경쟁 매물이 없으니 가격을 마음대로 높게 올릴 수 있다는 뜻이기도 하다. '높게 올린 가격에 팔린다면 좋고 아니면 말고' 식의 호가일 수도 있다는 것이다.

또 하나의 가능성은 이 아파트에 대한 수요자가 많아서 매도자가 향후 가격 상승을 예상하고 내놓지 않는 데서 비롯된 것일 수도 있다. 그러나 이 아파트를 충분히 대체할 만한 아파트에 매물이 있는 것을 보면 그럴 가능성은 낮다. 만일 누군가가 이런 점을 고려하지 않고 진짜 7억 2천만 원에 이 아파트를 사들여 실거래가가 7억 2천만 원을 찍었다고 하더라도 월세나 전세를 통한 현금흐름이 개선되지 않는 한 아파트 가격은 올라갈 수 없다.

물론 모든 아파트가 당장 월세나 전세가 올라가지 않아도 향후 예금금리가 더 낮아진다면 시장의 요구수익률도 더 낮아질 테니 아파트 가격이 조금 더 상승할 여지는 있다. 실제로 은행의 예금금리는 1.5% 아래로 내려가고 있기 때문에 안정적인 현금흐름이 예상되는 인기 지역의 아파트들은 12·16 부동산대책 이전인 2019년 12월 전에는 요구수익률이 1.2~1.3%까지 낮아진 적도 있다(12·16 대책 이후에는 예금금리 수준 유지).

똑똑한 내집마련,
발품을 팔아야 후회가 없다

요즘은 집을 구하러 다니기 전에 인터넷으로 매물을 검색하는 건물론이고 주변 모습과 실내 모습까지 입체영상으로 확인하기도 한다. 이는 바쁜 현대인들이 시간을 절약하는 편리한 방법이지만 예전부터 실제로 좋은 집을 구하기 위해서는 발품('걸어 다니는 수고'란 뜻으로 직접 눈으로 확인한다는 것)을 많이 팔아야 한다는 말이 있다. 매물을 많이 볼수록 자신에게 딱 맞는 집을 찾을 확률이 높다. 직접 눈으로 확인하는 이유는 대중교통이나 차를 타고 이동을 해봐야만 실제 매물을 잘 파악할 수 있고, 특히 입지가 다른 여러 곳을 방문해야만 객관적인 비교가 가능하기 때문이기도 하다. 따라서 똑똑한 아파트 마

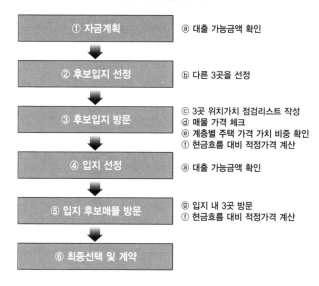

● 내집마련 실행 프로세스 ●

① 자금계획	ⓐ 대출 가능금액 확인
② 후보입지 선정	ⓑ 다른 3곳을 선정
③ 후보입지 방문	ⓒ 3곳 위치가치 점검리스트 작성 ⓓ 매물 가격 체크 ⓔ 계층별 주택 가격 가치 비중 확인 ⓕ 현금흐름 대비 적정가격 계산
④ 입지 선정	ⓐ 대출 가능금액 확인
⑤ 입지 후보매물 방문	ⓖ 입지 내 3곳 방문 ⓕ 현금흐름 대비 적정가격 계산
⑥ 최종선택 및 계약	

련을 위해서는 여러 곳에 발품을 팔 각오가 되어 있어야만 한다. 그렇다고 무작정 이곳저곳을 헤맬 수는 없으니 여기에 제시한 내집마련 실행 프로세스를 보면서 행동에 옮겨보자.

내집마련 실행 프로세스
과정별로 직접 체크해보자

⋮

① 자금계획

앞서 2장에서 LTV(주택담보대출비율)와 DTI(총부채상환비율) 자료를 확

매매가격	6억 원 이하		6억 원 초과~9억 원 이하		9억 원 초과	
전용면적	85㎡ 이하	85㎡ 초과	85㎡ 이하	85㎡ 초과	85㎡ 이하	85㎡ 초과
취득세	1%	1%	1~3%	1~3%	3%	3%
지방 교육세	0.1%	0.1%	0.2%	0.2%	0.3%	0.3%
농어촌 특별세		0.2%		0.2%		0.2%
합계	1.1%	1.3%	2.2%	2.4%	3.3%	3.5%

＊ 6억~9억 원 구간은 1천만 원 단위로 세율 차등 적용

● 자금계획 세우기 ●

대출가능금액	본인자금	취등록세	이사비용	중개수수료	총금액
원	원	원	원	원	원

인해 집을 살 때 어느 정도의 대출이 가능한지, 또 그 대출금액과 본인의 자금을 합쳐서 최대 어느 가격대에 집을 살 수 있는지를 먼저 확인해보자.

아울러 집을 구입하게 되면 집값 이외에도 구입 가격의 일정 비율로 취득세와 등록세를 내야 하고, 이사비용과 부동산 중개수수료 같은 기타 비용이 있으므로 이런 자금까지도 잊지 말고 계산해야 할 것이다.

입지가 다른 3곳	아파트명	평형	실거래가	호가	매물 수
구 동		m²	만 원	만 원	
구 동		m²	만 원	만 원	
구 동		m²	만 원	만 원	

② 후보입지 선정

자금 수준이 결정되면 입지가 다른 3곳 정도는 선정해서 비교분석을 해볼 필요가 있다. 앞의 사례처럼 같은 지역의 3곳을 비교하는 것도 좋지만 그 이전에 먼저 입지가 완전히 다른 3지역을 비교하는 것은 좋은 집을 마련하기 위한 필수 과정이다. 지역마다 특징이 모두 다르고 한 지역만 보면 객관적인 판단을 하지 못할 수도 있다. 같은 가격대의 아파트라도 장단점은 모두 다르다. 이때 부동산 시세 사이트를 이용하면 효과적이다. 결국 당장의 사용가치도 생각해야 하지만 미래에 상대가치가 더 높아질 곳을 선정하는 것도 중요하다.

③ 후보입지 방문

이제 주말을 이용해 후보입지의 대표 매물을 순차적으로 방문해보자. 이때 이동은 되도록 차량보다 대중교통을 이용하는 것이 좋다. 실제 대중교통을 이용해 집에 접근해보면 주변 환경과 분위기를 세밀하게 관찰할 수 있기 때문이다. 이때 반드시 ⓒ 위치가치 점검리스트(123쪽 참조)를 지참해 살펴보도록 하자. 다만 리스트의 평가는 중개업소의 의견을 참고하되 되도록 객관적으로 작성하고 나중에 3곳 입지를 상대평가해 작성하자.

---

3. 교통과 도심접근성 convenient access to popular place

	우수	보통	부족
중심업무지구에 대중교통으로 편리하게 접근할 수 있는가?	☐	☐	☐
주택에서 고속도로의 접근이 용이한가?	☐	☐	☐
주택에서 도시고속화도로의 접근이 용이한가?	☐	☐	☐
주택에서 대중교통망과의 연계성이 우수한가?	☐	☐	☐
주택에서 지하철역의 접근이 용이한가?	☐	☐	☐

객관적으로 평가하라는 뜻은 예를 들어 '3. 교통과 도심접근성' 항목에서 질문을 주관적으로만 해석해 본인의 직장과 가장 가까우면 무조건 '우수', 그렇지 않다고 해서 '보통'으로 체크하면 안 된다는 것이다. 향후 집값이 높아질 지역은 많은 사람들이 편리한 곳이지 유독 본인에게만 편리한 곳이 아니다.

또 상대적으로 평가해야 하는데 3곳 모두 어느 정도 괜찮다고 해서 모두를 '우수'로 체크하면 안 된다. 그중에서도 가장 뛰어난 곳을 우수, 다음을 보통, 혹시 매우 부족한 곳이 있다면 '부족' 순으로 체크한다. 우수 1곳, 보통 2곳 정도는 괜찮으나 '3곳 모두 우수' 또는 '3곳 모두 보통' 이런 식의 평가는 하지 말라는 의미다.

다음은 3곳에 나와 있는 ⓓ 매물의 가격을 확인하고 협상으로 얼마나 낮아질 여지가 있는지를 확인한다. 또한 위치가치 점검리스트에 나오는 4개의 항목 중에서 무엇이 집값에 가장 큰 영향을 미치는지 ⓔ 주택 가격 가치 비중을 확인해서 점검리스트에 반영해야한다. 부유층, 중산층, 서민층의 아파트는 치안, 교육, 교통, 환경 등 항목의 비중이 모두 다르다.

주택 가격의 가치 비중
• 부유층: 치안환경 35%, 교육환경 35%, 교통과 도심접근성 15%, 자연환경 15%
• 중산층: 치안환경 30%, 교육환경 30%, 교통과 도심접근성 30%, 자연환경 10%
• 서민층: 치안환경 15%, 교육환경 15%, 교통과 도심접근성 60%, 자연환경 10%

앞에서도 언급했지만 가치 비중이란 향후 주택 가격 안에서의 네가지 요인 간에 상대적 비중을 말하는 것이지, 다른 지역에 비해 그 요인이 좋거나 나쁘다는 것을 의미하는 것은 절대 아니라는 점을 주의해야 한다. 예를 들어 부유층 아파트 시장에서 도심접근성의 비중은 15%로, 중산층 30%보다 낮다고 해서 그 아파트가 도심접근성이 나쁘다는 것은 아니라는 말이다.

또한 부유층과 중산층을 나누는 기준은 무 자르듯 딱 떨어지는 개념이 아니므로 어떤 요인이 더 높은 비중을 차지하는지를 확인해서 요인별로 가중치를 감안해 위치가치 점검리스트에 평가점수를 계산해보길 바란다.

예를 들어 서민층 주택시장에서 같은 입지의 A아파트와 B아파트 점수를 가중치를 적용해 계산해보자. 쉽게 비교해보기 위해 1㎡당 가격을 기준으로 부유층, 중산층, 서민층을 구분한 내용을 참고하길 바란다(125쪽). 이때 다른 입지 3곳을 동일한 가중치로, 동일한 방법으로 계산해야 한다. 항목별 평가에서 우수는 3점, 보통은 2점, 부족은 1점을 주기로 했다. 점검리스트에 체크했더니 다음과 같은 결과가 나왔다.

A아파트 위치가치 점검리스트

1. 치안환경 safe neighborhood

	우수	보통	부족	점수
주택을 중심으로 반경 0.5㎞(도보 10분) 내 유해환경과 유해시설이 있는가?	☑	☐	☐	3
주택에서 대중교통 이용지점까지 도보 이동경로의 치안환경은 어떠한가?	☐	☑	☐	2
주택을 중심으로 반경 0.2㎞(도보 3분) 내 외지인의 출입이나 접근은 있는가?	☐	☑	☐	2
주택의 주차시설은 야간에 사용해도 안전하고 편리한가?	☐	☐	☑	1
주택이 자연재해(산사태, 지진, 해일, 홍수 등)로부터 안정성을 갖추고 있는가?	☑	☐	☐	3

1번 점수: 11점

2. 교육환경 good school

	우수	보통	부족	점수
학생들의 거주지는 동일한 수준의 주택들로 단일화된 편인가?	☑	☐	☐	3
주변 주택 거주자들의 전반적인 소득수준과 교육열은 높은 편인가?	☐	☑	☐	2
초등학교는 접근이 용이하고 도보로 안전하게 등하교하기 편리한 편인가?	☑	☐	☐	3
중·고등학교는 접근이 용이하고 좋은 면학분위기가 형성되어 있는 편인가?	☑	☐	☐	3

사교육시설(학원)의 접근이 용이하고 다양한 선택이 가능한 편인가? ☑ ☐ ☐ 3

2번 점수: 14점

3. 교통과 도심접근성 convenient access to popular place
중심업무지구에 대중교통으로 편리하게 접근할 수 있는가? ☐ ☑ ☐ 2
주택에서 고속도로의 접근이 용이한가? ☐ ☑ ☐ 2
주택에서 도시고속화도로의 접근이 용이한가? ☐ ☑ ☐ 2
주택에서 대중교통망과의 연계성이 우수한가? ☐ ☐ ☑ 1
주택에서 지하철역의 접근이 용이한가? ☐ ☑ ☐ 2

3번 점수: 9점

※ 중심업무지구(central business district): 고층·복합건물이 밀집되어 있고, 전문직과 일반업무의 사무실, 유명백화점, 고급상점과 음식점, 영화관, 호텔 등이 모여 있으며 가장 많은 일자리가 존재하는 곳이다.

※ 이 평가항목은 요즘과 같이 거미줄처럼 잘 연계된 대중교통망을 감안할 때 도시 안이라면 어디라도 주거지에 따라 평가가 크게 차이 나지 않는 항목이다. 현재 서울의 경우 중심업무지구는 강남 이외에도 여의도, 종로와 중구, 판교 등 여러 곳이 있기 때문이다.

4. 자연환경 인접/조망권 water access and view
집 안에서 강, 호수, 천과 같은 자연적인 물이 보이는가? ☐ ☑ ☐ 2
주택 주변에 강, 호수, 천과 같은 자연적인 물이 있는가? ☑ ☐ ☐ 3
집 안에서 인공장애물 없이 자연의 녹지가 보이는가? ☑ ☐ ☐ 3
주택 주변에 자연적인 녹지나 인공 조성공원이 있는가? ☐ ☑ ☐ 2
집 밖으로 얼마나 멀리 시야가 확보되는가? ☐ ☑ ☐ 2

4번 점수: 12점

A아파트의 결과는 1. 치안은 11점, 2. 교육은 14점, 3. 교통은 9점, 4. 환경은 12점으로, 총점 46점이다.

B아파트 위치가치 점검리스트

1. 치안환경 safe neighborhood

	상대적 평가			
	우수	보통	부족	점수
주택을 중심으로 반경 0.5㎞(도보 10분) 내 유해환경과 유해시설이 있는가?	☐	☑	☐	2
주택에서 대중교통 이용지점까지 도보 이동경로의 치안환경은 어떠한가?	☐	☑	☐	2
주택을 중심으로 반경 0.2㎞(도보 3분) 내 외지인의 출입이나 접근은 있는가?	☐	☑	☐	2
주택의 주차시설은 야간에 사용해도 안전하고 편리한가?	☐	☐	☑	1
주택이 자연재해(산사태, 지진, 해일, 홍수 등)로부터 안정성을 갖추고 있는가?	☑	☐	☐	3

1번 점수: 10점

2. 교육환경 good school

학생들의 거주지는 동일한 수준의 주택들로 단일화된 편인가?	☐	☑	☐	2
주변 주택 거주자들의 전반적인 소득수준과 교육열은 높은 편인가?	☐	☑	☐	2
초등학교는 접근이 용이하고 도보로 안전하게 등하교하기 편리한 편인가?	☐	☐	☑	1
중·고등학교는 접근이 용이하고 좋은 면학분위기가 형성되어 있는 편인가?	☐	☐	☑	1
사교육시설(학원)의 접근이 용이하고 다양한 선택이 가능한 편인가?	☐	☑	☐	2

2번 점수: 8점

3. 교통과 도심접근성 convenient access to popular place

중심업무지구에 대중교통으로 편리하게 접근할 수 있는가?	☑	☐	☐	3
주택에서 고속도로의 접근이 용이한가?	☐	☑	☐	2
주택에서 도시고속화도로의 접근이 용이한가?	☑	☐	☐	3
주택에서 대중교통망과의 연계성이 우수한가?	☑	☐	☐	3
주택에서 지하철역의 접근이 용이한가?	☑	☐	☐	3

3번 점수: 14점

※ 중심업무지구(central business district): 고층·복합건물이 밀집되어 있고, 전문직과 일반업무의 사무실, 유명백화점, 고급상점과 음식점, 영화관, 호텔 등이 모여 있으며 가장 많은 일자리가 존재하는 곳이다.

※ 이 평가항목은 요즘과 같이 거미줄처럼 잘 연계된 대중교통망을 감안할 때 도시 안이라면 어디라도 주거지에 따라 평가가 크게 차이 나지 않는 항목이다. 현재 서울의 경우 중심업무지구는 강남 이외에도 여의도, 종로와 중구, 판교 등 여러 곳이 있기 때문이다.

4. 자연환경 인접/조망권water access and view

집 안에서 강, 호수, 천과 같은 자연적인 물이 보이는가?	☐	☑	☐	2
주택 주변에 강, 호수, 천과 같은 자연적인 물이 있는가?	☐	☑	☐	2
집 안에서 인공장애물 없이 자연의 녹지가 보이는가?	☑	☐	☐	3
주택 주변에 자연적인 녹지나 인공 조성공원이 있는가?	☑	☐	☐	3
집 밖으로 얼마나 멀리 시야가 확보되는가?	☑	☐	☐	3

4번 점수: 13점

B아파트의 결과는 1. 치안은 10점, 2. 교육은 8점, 3. 교통은 14점, 4. 환경은 13점으로, 총점은 45점이다. 하지만 서민층 주택시장의 결정요인 가중치는 '치안환경 15%, 교육환경 15%, 교통과 도심접근성 60%, 자연환경 10%'다. 이를 적용하면 결과는 달라진다.

A아파트
1. 치안은 11점×15%=1.65점
2. 교육은 14점×15%=2.1점
3. 교통은 9점×60%=5.4점
4. 환경은 12점×10%=1.2점
가중치 환산점수는 10.35점

B아파트
1. 치안은 10점×15%=1.5점
2. 교육은 8점×15%=1.2점
3. 교통은 14점×60%=8.4점
4. 환경은 13점×10%=1.3점
가중치 환산점수는 12.4점

총점에서는 A아파트가 앞섰지만 가중치를 적용한 환산점수로 보면 B아파트가 더 좋은 평가를 받게 된다. 그러면 이제 주말을 이용해서 후보입지의 대표 매물을 순차적으로 방문해보자. 또한 월세 현금을 가지고 매물 간에 ⓕ적정가격을 평가해보길 바란다.

④ 입지 선정

지금까지의 결과를 종합해서 입지를 선정하면 된다.

⑤ 입지 후보매물 방문

입지가 정해졌다고 하더라도 그 지역에서는 1개의 대표 매물만을 본 것이므로 중개업소에 비슷한 후보매물을 1~2개 정도 더 소개받아 방문하면 좋다. 다른 지역에 비해서는 좋은 평가를 받았지만 같은 입지 안에서 더 좋은 매물이 있을 수도 있다.

⑥ 최종 선택 및 계약

이제 모든 프로세스를 통해 결정한 매물을 최종 선택하고 계약을 하면 된다.

똑똑한 아파트로 내집마련하기 10계명

1계명: 미혼 때부터 주택마련 플랜을 만든다(71쪽 참조).

2계명: 골든타임(15년) 안에 도달 가능한 위치가치가 가장 높은 집을 산다.

3계명: 자녀 입학 전에는 집을 최대한 줄인다.

4계명: 목표 주택으로 가기 전에 청약통장을 디딤돌로 삼는다.

5계명: 부동산 중개업소 사장님과 친해진다.

6계명: 반드시 대출을 받아서 산다.

7계명: 신축보다 위치가치에 중점을 두고 집을 산다(평형에 욕심 내지 않는다).

8계명: 무조건 공동주택, 되도록 500세대 이상을 산다.

9계명: 지역별 으뜸주거지, 아니면 그와 가까운 곳에 산다.

10계명: 갑자기 비싸진 집은 꼼꼼히 분석한 후에 결정한다.

PART 4

집값은
수요와
공급보다는
소득이
결정한다

전세와 월세의 흐름을 알면
미래 아파트 가격이 보인다

자본주의 체제에서 시장경제에 대해 제대로 이해하려면 시장에서 자산 가격이 어떻게 결정되는지를 먼저 이해할 수 있어야 한다. 특히 자산 중에서도 주택 가격은 어떤 원리로 형성되는 것일까? 앞에서 주택 가격에 어떤 가치들이 포함되어 있는지 알아봤지만 그것은 숫자로 정확히 계량되는 것이 아니다. 따라서 이번 장에서는 앞의 내용에서 한 걸음 더 나아가 정량적(quantitative)으로 어떤 요소가 가격에 영향을 미치는지 사례를 통해 알아보도록 하자. 가격이 결정되는 원리를 알아야 자산 가격을 바탕으로 요구수익률을 예측할 수 있다.

자산과 소비재가
다른 점은 무엇일까?

우선 자산이 소비재와는 무엇이 다른지부터 짚고 넘어가자. 자산이란 소비재처럼 소비되어 사라지는 것이 아니며, 대량생산(mass production) 방식으로 생산될 수 없어 근본적으로 공급이 유한(有限)한 것을 말한다. 따라서 일정한 가치가 있고 소유한 자에게 계속해서 현금흐름을 발생시켜주며 사고팔 수 있는 거래가 가능한 것을 의미한다.

> **자산의 정의**
> 소유한 자에게 계속해서 현금흐름을 발생시켜주고 거래가 가능한 것

그렇다면 직업은 자산일까, 아닐까? 직업은 분명 월급이라는 현금흐름을 만들어주지만 자산이 아니다. 직업은 거래할 수 없기 때문이다. 즉 가격을 매길 수 없다는 것이다. 그렇다면 우리가 소유한 노트북은 자산일까? 노트북은 다른 사람에게 팔 수도 있다. 하지만 노트북이 계속해서 현금흐름을 발생시키는 것이라고 보기는 어렵다. 그냥 소비되어 사라지는 것이다. 따라서 자산으로 보기엔 무리가 있다. 결국 자산이란 주식, 아파트, 상가, 건물, 예금 같은 것들을 가리킨다고 할 수 있다.

> • 자산의 예시: 주식, 아파트, 상가, 예금
> • 자산이 아닌 것의 예시: 직업, 노트북

주식은 배당금, 아파트는 전세나 월세, 상가는 임대료, 예금은 이자가 바로 그 자산에서 나오는 현금흐름이다. 이 현금흐름이 커진다면 당연히 그 자산 가격은 올라간다. 결국 자산이 어떤 가격이 되는가는 그 자산에서 나오는 미래 현금흐름이 어떠할지와 매우 밀접한 관련이 있음을 짐작할 수 있다.

자산 가격이 결정되는 원리는 무엇일까?

자산 가격이 결정되는 원리를 한 가지 예를 통해 알아보자. 정년 퇴직을 앞둔 세 사람이 퇴직 후에 생활비로 매월 200만 원을 꼬박 꼬박 받을 수 있는 자산을 마련하기로 결심했다. 그리고 어떤 자산을 사는 것이 좋을지 고민하기 시작했다. 이 세 사람은 매월 200만 원이 필요하다는 공통점이 있었지만 자산 구매로 각자가 지불해야 하는 돈(원금)과 그 자산이 가져다주는 현금흐름(미래수익)에 대한 기대수준은 모두 달랐다. 박 씨는 최소한 연 4%의 수익률을 기대한다. 반면 김 씨는 연 3%도 괜찮다고 생각하며, 이 씨는 자산 수익률이 연 2%라도 상관없다고 생각하고 있다. 결국 세 사람은 고심 끝에 각각 다음과 같이 자산을 구입했다.

연 4%를 기대하는 박 씨: 영등포구 상가를 6억 원에 구입(월 200만 원 임대료 예상)
연 3%를 기대하는 김 씨: 서대문구 아파트를 8억 원에 구입(월 200만 원 월세 예상)
연 2%를 기대하는 이 씨: 시중은행에 12억 원 월 이자 지급 예금(월 200만 원의 이자 예상)

자산에 대한 요구수익률(기대수익률)이 가장 높은 박 씨는 월 임대료로 200만 원을 받을 수 있다는 6억 원짜리 영등포 상가를 구입했다. 박 씨의 요구수익률이 연 4%라는 말은 월 200만 원의 생활비가 나오는 자산을 구입하기 위해 절대로 6억 원 이상은 내지 않겠다는 말과 같은 뜻이다.

박 씨의 계획
6억 원 × 요구수익률 4% ÷ 12개월 = 월 임대료 200만 원(연간 2,400만 원)

반면 김 씨는 월세로 200만 원을 받을 수 있다는 서대문구의 아파트를 8억 원에 구입했다. 김 씨의 요구수익률이 연 3%라는 것은 월 200만 원의 생활비가 나오는 자산을 구입하는 데 8억 원 정도는 낼 용의가 있다는 뜻이다.

김 씨의 계획
8억 원 × 요구수익률 3% ÷ 12개월 = 월세 200만 원(연간 2,400만 원)

마지막으로 이 씨는 월 200만 원을 받기 위해 시중은행에 월 이자 지급식 예금상품에 12억 원을 예금했다. 12억 원을 내고 예금이란 자산을 구입한 셈이다. 이 씨의 요구수익률이 연 2%라는 말은 월 200만 원의 생활비를 얻는 데 무려 12억 원이나 낼 용의가 있다는 뜻이다.

이 씨의 계획
12억 원 × 요구수익률 2% ÷ 12개월 = 월 이자 200만 원(연간 2,400만 원)

얼핏 보면 박 씨가 가장 현명한 선택을 한 것처럼 보인다. 가장 적은 돈인 6억 원만 투자해서 생활비 200만 원을 탈 수 있기 때문이다. 하지만 상가는 아파트에 비해 공실이 생길 위험이 크기 때문에 매월 200만 원을 확실하게 탈 수 있을지는 의문이다. 4%의 높은 수익률이지만 대신 불확실성이 높은 편이다. 한편 김 씨가 아파트에서 받는 월세 200만 원은 상가보다는 안정적이겠지만 이 역시 이 씨의 예금에서 나오는 월 200만 원만큼 확실하다고 보기는 어렵다. 결국 박 씨는 김 씨에 비해, 김 씨는 이 씨에 비해 높은 수익률을 올리는 대가로 미래 변동성, 즉 리스크를 감수하고 있는 것이다.

박씨 요구수익률 높음

$$6억 원 = \frac{불확실\ 2,400만\ 원}{4\%}$$

김씨 요구수익률 보통

$$8억 원 = \frac{약간\ 불확실\ 2,400만\ 원}{3\%}$$

이씨 요구수익률 낮음

$$12억 원 = \frac{매우\ 안정적\ 2,400만\ 원}{4\%}$$

이 세 사람 중에서 이 씨가 가장 비싼 대가(큰 원금)를 치르고 예금을 선택한 이유는 수익률보다는 안정적인 미래 현금흐름을 더 중요시하기 때문이다. 여기서 현금흐름을 요구수익률로 나누면 그 값이 결국 자산 가격이 된다는 것을 알 수 있다.

$$\text{자산 가격}_{(P)} = \frac{\text{연간 현금흐름}_{(CF)}}{\text{요구수익률}_{(R)}}$$

이 수식은 간단하지만 자산 가격의 미래를 예측할 수 있는 정보를 알려준다. 결국 그 자산에서 나오는 현금흐름이 커질수록, 그 자산에 대한 요구수익률이 낮아질수록 자산 가격은 오르게 된다.

자산 가격이 올라가려면

$$\text{자산 가격} = \frac{\text{현금흐름} \uparrow}{\text{요구수익률} \downarrow}$$ 현금흐름이 커지거나
요구수익률이 낮아지거나

요구수익률이 낮아진다는 것은 무슨 의미인가? 투자자들이 그 자산에서 나오는 현금흐름이 안정적이라고 생각할수록 요구수익률은 낮아진다. 이 씨의 요구수익률이 2%로 매우 낮았던 이유는 예금의 이자가 많아서가 아니라 안정적이라고 믿기 때문이다. 다시 말해 현금흐름이 커지진 않아도 매우 안정적이라는 믿음이 커진다면 자산 가격은 얼마든지 올라갈 수 있다.

아파트가 상가에 비해서 요구수익률이 낮은 이유도 바로 그것이다. 사람들이 상가는 공실 위험이 있지만 아파트는 공실 위험이 별로 없다고 믿기 때문인 것이다. 그래서 비슷한 월세가 나오는 조건이어도 아파트가 상가보다 비싼 경우가 많다. 2017년부터 2018년 사이에 일어났던 서울 아파트 가격 상승은 아파트에 대한 현금흐름이 안정적이라는 믿음이 커지면서 생긴 현상이라고 봐야 할 것이다. 즉 현금흐름인 월세가 커지지도 않았는데 서울 아파트에 대한 요구수익률이 더욱 낮아지면서 생긴 결과다.

실제 서울 아파트 가격을
확인하고 계산해보자

⋮

이제 위에서 살펴본 개념을 주택에 대입해 생각해보자. 주택에서 나오는 현금흐름은 무엇일까? 바로 그 주택을 임대했을 때 받을 수 있는 임대료, 즉 월세나 전세금이다. 서울에서 가장 집값이 낮은 지역 중 한 곳의 아파트를 예로 들어보겠다(2019년 7월 기준).

전용면적 80㎡인 이 아파트의 평균 월세 금액(현금흐름)은 보증금 3천만 원에 월세 70만 원이다(일단 보유자가 지불해야 하는 세금은 제외). 그렇다면 이 아파트의 연간 현금흐름은 다음과 같다.

연간 현금흐름

보증금 3천만 원 × 은행이자 1.5% 감안 = 연간 45만 원

월세 70만 원 × 12개월　　　　　　　 = 연간 840만 원

　　　　　　　　　　　　　　　 합계금액 885만 원

그럼 이제 아파트 가격을 추정해보자. 우선 연간 현금흐름을 계산해보면 대략 885만 원이다. 사람들이 이 아파트에 대해 생각하는 요구수익률이 얼마인지 알면 집값을 추정할 수 있다. 이 아파트의 요구수익률은 얼마나 될까?

$$\frac{\text{연 }885\text{만 원}}{\text{요구수익률 R}} = \text{아파트 가격}$$

매년 885만 원으로 가장 확실하게 수익을 얻는 방법은 예금이다. 예금의 요구수익률은 1.5%로 잡았다. 아파트 월세 수입과 은행예금 중 미래에 더 확실한 현금흐름은 어느 쪽일까? 일단 예금이 좀 더 확실하다고 해보자. 그렇다면 이 아파트의 월세가 예금보다 불확실성이 높으니 요구수익률은 1.5%보다 높을 것이다.

1.5% < R

아무리 예금보다 불확실성이 있다고 해도 서울 아파트라면 공실의 위험은 크지 않다. 아마도 상가의 평균 임대수익률 3.4%보다는

낮은 요구수익률일 것임은 분명하다.

1.5%(은행예금금리) < R < 3.4%(상가 평균 임대수익률)

1.5%와 3.4%의 정확히 중간지점인 2.45%로 계산해보자.

$$\frac{연\ 885만\ 원}{2.45\%} = 3억\ 6,122만\ 원$$

　　주택 가격은 3억 6,122만 원이란 값이 나온다. 실제 최근 실거래
가와 현재 나와 있는 주택 호가를 부동산 시세 앱에서 확인해보면
거의 일치한다. 최근 거래된 주택 가격을 가지고 이 아파트에 대한
시장의 요구수익률을 계산해보면 2.42%다.

$$\frac{연\ 885만\ 원}{3억\ 6,500만\ 원} = 2.42\%$$

● 사례 아파트의 실제 가격 ●

결론적으로 주택 가격은 그 주택에서 발생하는 전·월세금의 크기(연간 현금흐름)와 그 전·월세금의 미래 안정성(요구수익률)에 의해 결정된다고 볼 수 있다.

짜장면 가격과 스테이크 가격 중 무엇이 더 빨리 올라갈까

앞서 주택 가격을 결정하는 두 가지는 바로 현금흐름과 요구수익률임을 살펴보았다. 이 중에서도 현금흐름에 대해 한 걸음 더 들어가보자. 현금흐름이란 주택을 빌려 쓸 때 내는 사용료인 '월세 가격'을 말한다. 월세 가격이 높다는 것은 그만큼 사용가치가 높다는 것을 말한다. 자본주의 시장에서 모든 가격은 수요와 공급에 의해 영향을 받는다. 주택의 월세도 마찬가지다. 그곳에 살겠다고 하는 사람이 많으면(수요 상승) 당연히 월세는 오른다. 반대로 그곳에 살겠다는 사람이 적어지면(수요 하락) 월세는 내려간다. 그렇다면 월세는 오로지 수요와 공급에 의해서만 영향을 받는 것일까?

결론부터 말하자면 그렇지 않다. 가격은 꼭 수요·공급에 의해서만 결정되지 않는다. 예를 들어보자. 1980년대 중반 짜장면 한 그릇의 가격은 500원 정도였고, 2020년 현재 짜장면 한 그릇의 가격은 평균 6천 원 정도다. 35년 전보다 12배가량 비싸진 것이다. 짜장면 가격이 올라간 이유는 무엇일까? 35년 전에 비해 짜장면을 먹겠다는 수요가 12배나 늘어난 것일까? 그렇지 않다. 그보다는 짜장면을 사 먹는 사람들의 소득이 증가해서다. 1980년대 짜장면을 즐겨 먹는 사람들의 월급은 약 20만 원이었는데 지금 짜장면을 사 먹는 사람들의 월급은 평균 240만 원이 되었다. 이처럼 장시간에 걸쳐서 변하는 가격에는 수요·공급 외에도 그것을 사려는 사람들의 소득이 큰 영향을 미친다.

그렇다면 앞으로도 짜장면 가격은 계속 올라갈까? 분명 올라갈 것이다. 자연적인 인플레이션(물가 상승)과 더불어 평균소득 또한 조금씩은 올라간다. 외식 메뉴 중에 짜장면만 있는 것은 아니다. 그럼 스테이크 가격은 어떨까? 스테이크는 많은 사람들이 좋아하지만 자주 먹기에는 가격이 부담스럽다. 그런 면에서 보자면 소득이 낮은 서민보다는 상대적으로 소득이 높은 사람들이 조금 더 자주 먹는 음식일 것이다. 그래서 그런지 주변에서 귀동냥으로 가격의 변천사를 들어보기가 쉽지 않았다. 하지만 스테이크 역시 그동안 가격이 많이 올랐을 것이다.

결론적으로 말하자면 짜장면도 스테이크도 앞으로 시간이 지나면 가격은 계속해서 올라갈 것이다. 그렇다면 짜장면과 스테이크 중 어느 것의 가격이 더 빨리 올라갈까? 이것은 "'짜장면을 즐겨 먹는 사람들'의 소득과 '스테이크를 즐겨 먹는 사람들'의 소득 중에 어느 쪽이 빨리 올라갈까?"라는 물음과 크게 다르지 않다.

주택 가격에 영향을 미치는 요인,
거주자의 소득수준

⋮

주택 가격의 결정요인인 사용가치에 가장 큰 영향을 미치는 것은 거주자의 소득일 수 있다. 거주자의 소득을 통해 지금의 주택 가격과 앞으로의 주택 가격의 방향을 생각해보자.

가계소득의 지표로 사용되는 5분위 소득이란 것이 있다. 이것은 우리나라 전 국민의 소득을 5구간으로 나누어서 분류한 소득 계층별 분류다. 5분위는 최상위 20%, 4분위는 소득 상위 21~40%, 3분위는 소득 상위 41~60%, 2분위는 하위 61~80%, 1분위는 하위 20%를 나타낸다.

통계청이 발표한 '2018년 4분기 가계동향조사(소득 부문) 결과'에 따르면 소득 1분위(하위 20%) 가구소득은 123만 8,200원으로 전년(150만 4,800원)보다 17.7% 감소했다. 반면 5분위(상위 20%) 가구 총소득은 전년 대비 10.4% 증가했다. 소득에서 그만큼 빈부 격차도 커진 것이다. 국가별 소득 불평등의 수준을 보여주는 지니계수 개선율 순위에서도 우리나라는 최하위 수준이다. 소득 구간의 하위 소득자들에게는 소득을 대체할 만한 금전적인 복지정책이 시행되고 있음에도 불구하고 소득 격차는 크게 개선되지 않고 있다.

2019년에 발표된 5분위 소득 구간 자료에서는 2018년보다 다소 개선된 수치를 보였지만 여전히 최상위 소득 구간인 5분위와 2분위의 가구소득은 7배 이상 차이를 보인다. 이런 격차는 그동안 오랜 시간을 두고 꾸준히 진행되어온 거라서 하루아침에 급격히 개선되기가 사실상 불가능하다. 1980년대와 1990년대의 빠른 경제성장으로 급속도로 발전을 거듭해온 한국경제는 어쩔 수 없이 여러 가지 부작용이 생겼다. 대표적인 것 중 하나가 빈부 격차의 확대, 바로 소득의 양극화다.

소득의 양극화는 곧 자산의 양극화를 낳았다. 주택만을 놓고 본다면 모든 주택이 물가 상승률에 따라 전부 오른 것처럼 보인다. 그런데 더 깊이 들어가보면 고소득자들이 사는 집은 가격이 빠르게 상승한 반면 저소득자들이 사는 집은 그 상승률에 크게 미치지 못했다. 소득이 높을수록 한계소비성향이 낮아지는 게 그 이유다.

한계소비성향(marginal propensity to consume)이란, 추가로 발생한 소득 중에서 소비되는 금액의 비율을 말한다. 돈을 더 많이 버는 사람일수록 새롭게 버는 돈을 모두 소비하기 어렵다. 월 100만 원을 버는 사람의 소득이 10% 늘어나면 늘어난 10만 원을 거의 다 소비

(단위: 천 원, %, 전년동분기 대비)

구분	2018. 4/4											
	전체		1분위		2분위		3분위		4분위		5분위	
가구원수	3.08명		2.38명		2.87명		3.26명		3.42명		3.46명	
가구 주연령	53.2세		63.4세		53.8세		49.6세		48.8세		50.3세	
	금액	증감률	금액	증감률	금액	증감률	금액	증감률	금액	증감률	금액	증감률
소득	4,606.1	3.6	1,238.2	−17.7	2,773.0	−4.8	4,109.8	1.8	5,572.9	4.8	9,324.3	10.4
경상소득	4,568.4	4.8	1,236.5	−14.6	2,769.7	−2.6	4,101.6	3.5	5,544.9	5.8	9,177.0	10.5
근로소득	3,114.7	6.2	430.5	−36.8	1,637.6	0.4	2,681.7	4.8	3,928.4	4.7	6,885.6	14.2
사업소득	911.3	−3.4	207.3	−8.6	529.5	−18.7	909.7	−7.0	1,113.0	2.6	1,794.7	1.2
재산소득	19.4	4.9	13.6	16.3	11.3	−43.8	19.7	149.8	20.7	57.0	31.4	−20.3
이전소득	523.0	11.9	585.1	11.0	591.4	9.3	490.5	17.8	482.8	23.4	465.3	0.8
비경상 소득	37.8	−55.3	1.7	−97.0	3.3	−95.2	8.2	−89.4	28.0	−63.0	147.3	2.5
비소비 지출	953.9	10.0	250.0	−9.9	509.4	−2.6	804.8	7.5	1,138.5	11.1	2,063.8	17.1
처분가능 소득	3,652.2	2.1	988.2	−19.5	2,263.6	−5.3	3,305.0	0.5	4,434.4	3.3	7,260.5	8.6

자료: 통계청(2019), 2018년 4/4분기 가계동향조사(소득부문) 결과

하겠지만 1천만 원을 버는 사람의 소득이 10% 늘어나면 추가로 생긴 100만 원을 곧바로 다 소비하지는 못한다. 그 돈이 쌓여서 자산에 투자되고 그 결과 자산이 늘어나게 된다.

실제 사례를 바탕으로
주택 가격을 예상해보자

⋮

김진흠 씨(46세 기혼, H중공업 차장)는 고향이 서울이지만 울산에 있는 중공업 계열 대기업에 입사해 현장에서 근무하다 보니 18년째 울산에서만 생활하고 있다. 입사하자마자 결혼하고 두 아이도 모두 울산에서 낳고 키우다 보니 이젠 울산이 제2의 고향이나 다름없다고 한다. 그는 지방이라고는 하지만 광역시 정도면 규모 면에서 서울에 비해 부러울 게 하나 없는 그야말로 딱 살기 좋은 곳이라고 열변을 토한다. 그런 김 차장은 얼마 전 동기들과 모임에 갔다가 서울에 근무하는 입사 동기의 집값 이야기를 듣고 깜짝 놀랐다.

"그 친구 저와 나이랑 회사 입사도 같고 아이 둘까지 모든 면이 똑같은데…. 아 글쎄, 지금 아파트가 14억 원이라고 하네요."

놀라움을 금치 못했다면서 솔직히 부러움에 이야기를 듣는 내내 표정을 감추느라 애를 먹었다고 했다. 김 차장은 "똑같은 월급 받아서 생활했는데 어떻게 이렇게 차이가 나지? 허허, 참."이라며 웃었다. 그 웃음에는 허탈함이 배어 있었다. 지방 도시와 서울 집값의 격차는 상상 이상으로 빨리 벌어진다는 느낌을 지울 수 없었다고 한다.

서울에 사는 사람은 자연스럽게 똘똘한 아파트에 올인할 수밖에 없는 구조다. 대기업이라면 당연히 직장인 중에서는 높은 소득이고 자녀를 키울 때도 남들보다 교육환경에 더 집중하는 편이다. 결국 주택의 크기보다는 좀 더 프리미엄 지역, 본인의 소득수준보다 훨씬 더 높은 소득자들이 거주하는 곳에 진입하려는 경향이 강하다.

반면 지방에 거주하는 대기업 직장인은 서울에 비해 아주 싼 집값과 물가로 생활이 여유로운 편이다. 그래서 서울에 살면서 비슷한 소득을 올리는 사람들도 타지 못할 고급 차를 몰고 여가생활에 더 많은 시간과 돈을 투자하는 것이 자연스러운 라이프스타일이 되어버린다. 김 차장은 필자의 예측을 듣고는 "정말 그렇습니다. 매우 정확한 지적인 거 같습니다."라고 대답했다. 본인의 생활도 크게 다르지 않았음을 시인했다.

그러면서 대뜸 필자에게 이런 질문을 던졌다. "서울은 강남이 아니어도 25평 아파트가 7억 원은 다 넘는데, 우리 아파트는 언제쯤 7억 원이 넘어갈까요?" 이 흥미로운 질문에 어떤 답변을 해주는 것이 좋을까? 아파트 가격은 거주민들의 소득과 밀접한 관련이 있으니 언제쯤 7억 원이 될 수 있을지 추정해보기로 했다. 김 차장이 살고 있는 아파트의 실거래가를 확인해보았다.

김 차장이 울산에서 가장 좋은 곳 중 하나라고 소개한 이 아파트의 평균적인 연간 현금흐름은 다음과 같다. 월세 평균 가격은 보증금 5천만 원에 월 110만 원이다.

● 울산 A아파트 가격 ●

매매 ⌄	33평 ⌄	☐ 13	🔔
488세대	2013년 12월(7년차)		거리뷰
용적률 243% 전폐율 19%			

● 주간 방문자 4위   지금 4명이 보는 중

매매   전월세   33평 ⌄

한 달 전 실거래 평균   최근 1개월 매물 평균
5억 7,600   **5억 7,109**

전월세	33평	☐ 13	🔔
2019.01.20	4억 500	110A	7층
2018.12.15	2억 5,000/50	110B	22층
2018.11.25	3억 8,000	110B	21층
2018.11.11	3억 7,000	110A	9층
2018.09.22	4억	110B	12층
2018.09.20	1억/80	110A	10층
2018.06.18	5,000/95	110B	12층
2018.05.07	4억 2,600	110B	11층

김 차장이 사는 아파트의 연간 현금흐름

보증금 5천만 원 × 은행이자 1.5% 감안 = 연간 75만 원

월세 110만 원 × 12개월 =   연간 1,320만 원
_____

                            합계금액 1,395만 원

가장 최근의 실거래가 평균이 5억 7,600만 원이므로 김 차장이 사는 아파트의 요구수익률은 2.42%로 낮은 편이다. 그만큼 울산 지역에서 이 아파트에 대한 미래 현금흐름이 매우 안정적이라고 평가된다는 뜻이다.

$$\frac{\text{연 }1{,}395\text{만 원}}{5\text{억 }7{,}600\text{만 원}} = 2.42\%$$

그렇다면 이 아파트에는 주로 어떤 사람들이 거주할까? 집에 대한 정보를 바탕으로 이 아파트에 거주하는 주민의 평균적인 모습을 추정해보자.

전용면적은 85㎡이며 2000년대 이후에 지어졌고 방 3개에 화장실이 2개다. 이 정도 조건이면 결혼해서 자녀가 있는 가구가 거주하는 것이 평균적이다. 또한 울산에서 이 정도의 월세를 내려면 중견기업 이상의 직장인일 가능성이 높다. 마지막으로 가구소득이 최소 600만~700만 원은 될 것이다. 가구소득에서 월세로 지출할 수 있는 최대 금액은 분명 저항선이 있기 때문이다. 여러 가지 이유로 월세를 많이 부담한다고 해도 보통 소득의 20% 이상은 월세로 지출하지 않는다. 이렇게 정리해보니 결국 김 차장의 모습이 그대로 나온 듯하다.

울산 A아파트 109㎡(33평) 거주민의 평균적인 모습
① 결혼했고 자녀가 있는 사람
② 중견기업 이상의 직장인
③ 가구소득이 최소 650만 원 이상

울산에서 결혼해 자녀가 있는 중견기업 이상의 직장인 중에서 월 소득이 600만~700만 원인 가구, 그것이 이 아파트 거주민의 평균적인 모습이다. 결국 이런 가구 수의 증가와 감소가 이 아파트의 가격에 영향을 줄 수 있다.

이번에는 이 아파트의 평균적인 거주민의 월 소득이 증가하는 상황을 떠올려보자. 이 아파트의 평균적인 거주민의 월 소득이 지금보다 20% 정도 늘어났다고 가정하겠다. 월 소득을 650만 원으로 잡았을 때 늘어난 월 소득은 780만 원이 되었고 올라간 소득만큼 더 좋은 곳으로 이사하고 싶은 마음의 여유가 생겼다. 만일 소득이 올라갔는데도 불구하고 여전히 이 아파트에 살고 싶어 한다면 이 가구는 월세로 최대 26만 원 정도를 더 지출할 여력이 생긴 셈이다. 이 가구가 낼 수 있는 최대 월세는 136만 원이 된다.

김 차장이 사는 아파트의 연간 현금흐름
보증금 5천만 원 × 은행이자 1.5% 감안 = 연간 75만 원
증가한 월세 136만 원 × 12개월 =　　　　　연간 1,632만 원
_____
　　　　　　　　　　　　　　　　　　합계금액 1,707만 원

이제 아파트의 현금흐름은 1,707만 원이 되었고, 지금과 같이 요구수익률이 2.42% 수준이라면 이제 이 아파트는 7억 원을 넘어서게 된다.

$$\frac{\text{연 1,707만 원}}{\text{2.42\%}} = 7억 537만 원$$

"이 아파트가 언제 7억 원을 넘어갈까요?"라는 김 차장의 물음에 대한 답을 내놓자면 이렇다. 지금보다 예금금리가 더 떨어져서 아파트에 대한 요구수익률이 더 떨어지는 경우가 아니라면, 울산에서 월 소득이 600만~700만 원이며 결혼해 자녀가 있는 가구가 급격하게 늘어나거나 이 아파트 가구들의 평균소득이 지금보다 20%

정도 늘어나는 시점이 이 아파트가 7억 원을 넘는 시점이 된다. 결국 주택 가격은 거주자들의 소득과 밀접한 관계가 있다는 점을 기억해야 한다. 이제부터는 주택 가격을 예상할 때 거주자 소득의 관점에서 살펴보도록 하자.

주택 가격의 상승률
- 주택 가격: 거주자들이 부담할 수 있는 월세 가격의 크기가 좌우
- 주택 가격 상승률: 거주자 소득 상승률과 일치

초고가 아파트의 출현은
월세성장률 때문이다

대한민국은 지금 맛집 열풍이다. 사람들은 단 한 번의 식사에도 메뉴를 대충 고르는 법이 없다. 여러 채널을 통해 입수한 검증된 맛집만을 찾는다. 맛집을 찾는 데 많은 노력을 기울이고 진짜 맛집이라면 큰돈을 쓰는 데 인색하지 않다. 누구나 한 번쯤은 우연히 간 식당에서 형편없는 맛 때문에 외식을 망친 경험이 있을 것이다. 사람들은 이런 위험을 피하고 싶어 한다. 단 한 번의 외식이라도 그 소중한 시간을 망치고 싶지 않은 것이다. 대중은 어느 정도 확실한 맛이 보장된다면 아주 큰 대가를 치를 용의가 있다.

이 말은 결국 맛집에 대한 사람들의 요구수익률이 의외로 낮음을 보여준다. '요구수익률(기대치)이 낮다'라는 의미는 주어지는 보상에 비해서 지금 많은 대가를 지불할 용의가 있다는 뜻이다. 사실 맛집이라고 소문난 집이라도 맛이 기대에 못 미치는 경우가 있다. 하지만 기대치를 조금 낮추면 그래도 역시 맛집이라 최소한 외식을 망칠 정도로 형편없는 수준은 아니다. 다시 말해 평균 이상은 보장된다는 것이다. 이 말은 음식이 절대적으로 맛있다는 게 아니라 맛의 안정성(불변성)이 높다는 뜻이다. 결국 맛집을 찾는 이유는 최악은 모면하기 위해서다. 맛집은 마치 안전자산과 같다. 그래서인지 사실 맛집은 맛에 비해 음식값이 비싼 편이다.

> **안정성(불변성)과 요구수익률(기대치)의 관계**
> • 안정성 ↑ → 요구수익률 ↓
> • 안정성 ↓ → 요구수익률 ↑

그럼에도 맛이 안정적이라면 음식 가격이 비싸더라도 사람들은 기꺼이 그 가격을 지불한다. 이런 현상을 아파트값에 적용해보자. 자산에서 나오는 현금흐름의 크기가 크지 않더라도 안정적이라면, 아파트 가격이 비싸도 사람들은 기꺼이 그 가격을 지불하려고 한다. 여기서 안정적이란 말은 당장 가격 대비 낮은 수익률을 가지고 있지만 변함없는 현금흐름이 예상된다는 것을 말한다. 결국 특정 식당에만 몰리는 맛집 신드롬 같은 현상은 아파트 시장에도 나타나 초고가 아파트를 탄생시키고 있는 것이다.

성장률이 높은 자산일수록
요구수익률이 낮다

:

　2019년 서울에는 3.3㎡당 가격이 1억 원을 넘는 아파트가 출현했다. 강남에 한강이 내려다보이는 A아파트였는데 필자가 확인한 결과 114㎡가 32억 원에 거래되었다. 그 아파트의 평균 실거래가와 월세를 찾아보니 2019년 11월 한 달 평균 실거래가는 32억 원 이상, 최고 월세는 보증금 1억 원에 420만 원이었다. 보증금 1억 원과 월 420만 원의 월세를 받으면 연간 현금흐름은 5,190만 원이다. 사람들은 연간 5,190만 원이 나오는 자산을 32억 원에 사고 있다는 뜻이다. 이를 바탕으로 계산해보면 이 아파트의 요구수익률은 1.62%다.

$$\frac{연\ 5,190만\ 원}{32억\ 원} = 1.62\%$$

● 서울 강남 A아파트 가격 ●

이 정도의 낮은 요구수익률이라면 은행예금금리와 같은 수준이다. 예금은 변동성이 없는 안전자산(risk free asset)으로 여겨지는데 현재 이 아파트의 변동성이 은행금리와 같은 수준이라는 뜻이다.

그런데 현재 한국의 경제 상황을 보면 어쩌면 은행금리가 더 떨어질지 모를 일이다. 과거처럼 경제성장률이 5%를 넘어서는 시대에는 이런 일이 절대 발생하지 않았다. 극심한 경기침체와 낮은 경제성장률 탓에 이제는 아무도 높은 은행금리를 기대하지 않는다. 반면에 대한민국 최고 부자들이 모여 있는 아파트의 월세는 떨어지지 않을 것이라고 생각한다. 거기서만 그치는 게 아니라 이런 곳이라면 월세는 앞으로도 계속 오를 수 있다고 여긴다.

대중이 특별히 더 선호한다면 아파트에 대한 요구수익률이 은행예금금리보다 더 낮아질 수도 있을 것이다. 대한민국 최고의 아파트라면 세상에 어떤 일이 일어나도 공실이 발생하지 않는 건 물론이고 앞으로 연간 현금흐름도 성장할 거라는 기대가 있기 때문이다. 이것이 성장률(g)이다. 성장률이 높다면 당장 요구수익률은 낮아진다. 미래 현금흐름이 지금보다 성장한다면 당장 비싼 가격이라도(요구수익률이 낮더라도) 기꺼이 사려고 한다는 것이다. 이것이 바로 최상위 지역의 프리미엄, 기대가치다(3장 참조). 아파트 월세의 성장률이 높으면 요구수익률이 극도로 낮아져 은행예금금리보다도 더 낮아질 수 있다는 현상의 경제학적 이론을 186쪽 참고 자료를 통해 확인해보길 바란다.

상식을 파괴할 정도로 요구수익률이 낮은 자산은 우리나라에만 있지 않다. 글로벌 저성장이 계속되는 요즘, 투자자의 요구수익률이 예금금리보다 낮은 자산은 강남 아파트뿐만이 아니다. 미국을 넘어 세계 시장을 장악하고 있는 인터넷 유통 분야의 거대 기업인 아마존의 주가를 보자.

아마존은 1995년 창립 이래 인터넷서점을 시작으로 인터넷을 기반으로 한 유통과 서비스 분야에서 엄청난 사업 확장을 추진하며 세계 최대 글로벌 기업으로 성장했다. 특히 4차 산업혁명 시대의 핵심인 인공지능, 사물인터넷, 빅데이터를 가장 먼저 상업화할 수 있는 최대의 기반을 갖춘 기업으로 평가되며, 아마존의 주가는 그야말로 거침없는 상승세를 이어왔다. 아마존은 불확실한 투자시장에서 미래에도 반드시 살아남을 유일한 안전자산으로 인식되고 있다. 안전자산이라고 여겨지면 당장 많은 대가를 치르더라도 사람들이 얼마나 가지고 싶어 하는지, 또 얼마나 요구수익률이 낮아질 수 있는지를 아마존의 비싼 주가가 잘 말해주고 있다.

2020년 1월 16일 기준 아마존의 주가는 1,862달러다. 한화로 1주가 약 217만 원에 달한다. 현재 아마존은 배당을 거의 하지 않는 주식이므로 당장은 꼬박꼬박 현금이 나오기를 기대할 수는 없다. 대신 매년 1주당 수익이 얼마나 발생하는지를 알 수 있는 지표인 주당순이익(EPS; Earning Per Share)을 통해 이 주식의 현금흐름을 확인해보자.

2020년 1월 기준 아마존의 주당순이익은 20.36달러다. 1년에 1주
당 20.36달러를 벌어들인다는 뜻이다. 그렇다면 투자자들의 입장
에선 1,862달러를 투자해 20.36달러의 수익을 올리는 셈이니 요구
수익률은 다음과 같다.

$$\frac{\text{연 } 20.36\text{달러}}{1,862\text{달러}} = 1.09\%$$

현재 미국금리인 1.50~1.75%에도 못 미치는 낮은 요구수익률
이다. 안전자산으로의 쏠림현상은 이처럼 상상을 초월할 정도로
빠르게 진행되고 있으며 안전자산이라고 세상 사람들에게 인정받
으면 그 가격은 끝을 모르고 올라가는 것이다.

〈참고〉 안전자산의 요구수익률이 예금금리보다 낮아질 수 있는 이유

아파트에서 나오는 현금흐름의 성장률(기대가치, expectation value)이 높아지면 왜 아파트 가격도 올라가는지 이론적으로 검증해보자.

아파트 가격은 결국 미래 현금흐름(월세)을 현재 가치로 평가한 금액이다. 아파트 가격은 연간 현금흐름의 크기와 요구수익률에 따라 달라진다. 하지만 현금흐름인 월세는 고정된 값이 아니다. 즉 올라갈 수도 있고 내려갈 수도 있다. 따라서 대중이 월세의 성장률을 어떻게 평가하는가는 지금 아파트 가격에 큰 영향을 준다. 이 내용을 수식으로 표현하면 다음과 같다.

P 현재 아파트 가격, CF_0 현재 연 월세, CF_t t기간 연 월세, R 연 요구수익률, g 연 성장률

$$P_0 = \frac{CF_0 \times (1+g)}{(1 + R)} + \frac{CF_0 \times (1+g)^2}{(1 + R)^2} + \frac{CF_0 \times (1+g)^3}{(1 + R)^3} + \cdots + \frac{CF_0 \times (1+g)^\infty}{(1 + R)^\infty}$$

다음 식을 풀어보면 다음과 같다.

1기간의 연간 월세(CF_1)는 현재의 연간 월세(CF_0)에 성장률(g)을 곱해서 얻어진다. 예를 들어 연간 월세가 1천만 원이고 성장률이 2%라면 1기간의 연간 월세는 1천만 원×(1 + 0.02) = 1,020만 원이 된다. 이런 식으로 보면 결국 t기간의 연간 월세는 $CF_t = CF_0(1 + g)^t$이다. 이때 t가 무한대로 가면 무한등비수열이 되는데 간단하게 풀어서 정리하면 결론식은 요구수익률에서 성장률을 뺀 수로 1기간의 현금흐름을 나눈 값이라고 정리할 수 있다.

결론식: 아파트값 $P_0 = \dfrac{CF_1}{R-g}$ 이다.

* 아파트값은 연 현금흐름을 요구수익률에서 성장률을 뺀 수로 나눈 값

아파트값 P_0가 올라가려면 연간 월세(CF_1)가 커지거나 R−g값이 작아져야 한다. 사람들이 생각하는 안전자산인 초고가 아파트는 시장의 모든 투자자들이 생각하는 R값이 같다고 하더라도 결국 g값이 큰 자산을 말한다. 월세가 절대 줄지 않고 미래에 계속 늘어날 것이라고 생각한다는 뜻이다. 따라서 요구수익률이 비슷하더라도 대중은 초고가 아파트라면 앞으로 연간 월세(CF_1)의 성장률(g)이 높을 것이라 확신하는 바람에, g값이 높아지고 R−g값은 매우 작아져 현재 자산가격(P_0)을 매우 높게 하는 것이다.

미들 리스크와 미들 리턴이
사라지는 시대

1990년대 이후 직장을 퇴직한 60대 사이에서는 창업 붐이 크게 일어났다. 얼마 안 되는 퇴직금과 자꾸만 낮아지는 금리로는 노후 생활비를 마련하기에 턱없이 부족한 데다 한창 일할 수 있는 나이에 마냥 쉴 수만은 없었기 때문이다. 창업으로 성공하기란 쉽지 않지만 특별한 기술이 없어도 상대적으로 안정적인 수익을 창출할 수 있다고 각광받았던 아이템이 있는데, 바로 프랜차이즈 치킨 전문점이다. 이런 창업 붐을 타고 전국의 치킨 전문점이 기하급수적으로 늘어났다. 통계청 사업조사 자료에 의하면 전국의 치킨 전문점은 2012년에 3만 개를 돌파했다. 상황이 이렇다 보니 한때는 "어느 직장을 다니든 무슨 일을 하든 은퇴 후 결론은 다 치킨집이다."라는 우스갯소리가 있을 정도였다.

하지만 이런 이야기도 이젠 옛말이 되었다. 퇴직을 앞둔 남편을 보면서 아내들은 제발 '퇴직 후 아무 일도 안 벌렸으면 좋겠다.'라고 생각하는 게 요즘 추세다. 어떤 사업을 하든 몇 년을 버티지 못하고 그나마 남아 있던 퇴직금마저 까먹기 일쑤이니 차라리 아무것도 하지 않고 퇴직금을 은행에 넣은 채 곶감 빼먹듯 돈을 뽑아 쓰는 편이 낫다고 생각하는 것이다. 당장 불안한 경제 상황에 새로운 사업은 절대 벌리지 않겠다는 의지다.

이 이야기가 바로 우리가 처한 경제적 어려움을 그대로 드러낸 단적인 예다. 퇴직금에 은행 대출을 보태 가게를 차린다는 것이 사실 아주 위험한 투자는 아니다. 과거 같으면 이 정도 투자는 엄청난 수익을 올릴 수 있는 일은 아니지만 그래도 본인 인건비 정도는 뽑을 수 있는 그야말로 미들 리스크에 미들 리턴을 추구하는 일이었기 때문이다.

그런데 우리 사회는 언제부터인가 이 정도의 투자도 매우 꺼리는 투자기피 시대가 되어버렸다. 사실 이처럼 적당한 리스크를 감수하고 적당한 수익을 올리려는 사람들이 늘어나야만 경제가 돌아간다. 예컨대 이런 치킨 전문점 하나가 오픈하면 일단 임대업자는 공실이 사라지고, 치킨과 관련된 여러 재료상은 매출이 발생하며, 간판과 인테리어 업체 등도 돈을 번다. 또한 최소한 근로자 2~3명의 새로운 고용이 창출되기도 한다. 생각보다 꽤 많은 경제적 효과가 일어나는 것이다.

안전자산만을 선호하는 시대, 그리고 앞으로의 투자 트렌드

⋮

이런 미들 리스크, 미들 리턴조차 감행하지 않으려고 하는 상황이니 경제가 어려워지는 것은 당연하다. 대신 매우 적은 수익이라도 안전자산만을 선호하는 세상이 되었다. 아주 적은 수익이라도 확실하다면 장기적으로는 수익률이 높은 편이라고 볼 수 있다. 전통적으로 안전자산이라고 여겨지는 금값이 얼마 전 최고가를 경신했던 일이나 2008년 금융위기 이후 천문학적인 달러가 시장에 풀렸음에도 불구하고 달러 가치가 크게 떨어지지 않는 것이 바로 안전자산으로의 쏠림현상을 그대로 보여주는 것이다.

반면 큰돈을 안전자산에 넣고 마냥 기다릴 수 없다는 사람들도 있다. 이런 사람들은 '미들 리스크, 미들 리턴' 대신 '모 아니면 도' 식의 '하이 리스크, 하이 리턴(high risk, high return)' 투자에 몰두하는 현상도 나타난다. 한때 묻지마 투자, 깜깜이 투자로 여겨졌던 가상화폐는 가격이 폭락하기도 했지만 요즘 들어 다시 최고가를 경신하며 다시금 돈이 몰리는 분위기다. 가상화폐의 대표 격인 비트코인의 가격은 2020년 1월 기준 8,660달러(약 1,004만 원) 선을 넘어서 최고치를 돌파했다. 이렇게 중간은 없어지고 리스크에서도 양극단만 존재하는 시대가 되고 있는 것이다.

그렇다면 이런 현상은 왜 일어나는 것이며 얼마나 오래 지속될 것인가? 생각해보자. 경제가 어려워지면 상가나 빌딩은 공실이 생겨 월세가 끊길 가능성이 있다. 그에 비해 사람이 사는 주택은 공실이 생길 일이 거의 없다. 특히 모든 사람이 살고 싶어 하는 좋은 주거지는 더욱 그럴 것이다. 근래 있었던 서울, 그중에서도 강남권의 아파트값 폭등은 이런 맥락에서 이해할 수 있다.

현명한 투자자라면 이러한 트렌드를 파악하고 당분간 요구수익률이 낮은 안전자산에 자금을 집중하며 기다리는 게 바람직하다. 경제원리 가운데 '위험과 수익의 상충관계(risk-return trade off)'라는 개념이 있다. 리스크가 높으면 보상이 높고 리스크가 낮으면 보상이 적어진다는 뜻이다. 경제 고속 성장기에는 리스크가 높아도 보상이 높은 자산을 택해야만 돈을 벌 수 있다. 하지만 지금같이 극도의 저성장 시기엔 반대로 보상이 적더라도 리스크가 낮은 자산에 집중해야 한다. 예를 들어 수익이 월 100만 원인 네 종류의 자산이 있다고 치자.

① S전자 주식 1,875주 시가 1억 1,531만 원 상당(주당순이익 6,400원: 주당순수익이 모두 주식으로 벌어들이는 수익이라고 가정 시)

② 임대료가 월 100만 원인 시가 3억 1,150만 원 상가

③ 보증금 1억 5천만 원에 월세 70만 원인 시가 4억 3,750만 원 아파트

④ 은행 정기예금 6억 원(금리 연 2%, 1년 이자는 1,200만 원)

위의 네 가지 자산은 모두 수익이 월평균 100만 원씩 발생하는 자산인데 가격은 왜 이렇게 천차만별일까? 경제가 5% 이상 성장하고 경기가 좋으면 사람들은 월 100만 원의 수익을 위해서 ① 또는 ②의 방법을 선호할 것이다. 즉 적은 돈으로 높은 수익을 올리려 한다는 것이다(요구수익률이 높다). 하지만 초저성장 시대에는 ③ 또는 ④ 같은 방법을 선호한다. 그래서 그동안 ③, ④를 가진 사람이 유리해지는 국면이었다. 앞으로 당분간은 자산 중 요구수익률이 낮은 자산에 머무는 투자 전략이 필요하다. 특히 부동산에서 마지막까지 손에 쥐고 있어야 할 자산은 주택이다. 그래서 바로 똘똘한 아파트가 답이 되는 것이다. 부동산 요구수익률은 물건에 따라 달라질 수 있지만 일반적으로 '토지 > 상가건물 > 주거용 오피스텔 > 아파트' 순이다.

● 자산종류별 리스크와 전망 ●

자산종류	투자금	리스크	요구수익률	가격 전망
① 주식	1억 1,531만 원	높음	10.4%	보합
② 상가건물	3억 1,150만 원	약간 있음	3.85%	보합
③ 아파트	4억 3,750만 원	적음	2.74%	약간 상승
④ 은행예금	6억 원	거의 없음	2.0%	대폭 상승

주식도 마찬가지다. 수십조 원의 영업이익을 내는 대형 정보통신기업 못지않게, 영업이익이 현재는 매우 적지만 향후 안정적으로 수익을 낼 것으로 여겨지는 몇몇 제약 및 바이오시밀러 관련 기업 주가도 그동안 많이 올랐다. 미래수익의 크기보다 안정성이 확보된 똘똘한 안전자산에 집중하려는 투자 트렌드가 반영된 것이다.

'바닥'은 요즘 투자시장에서 절대 하면 안 되는 말이다. 과거에는 주식이든 부동산이든 가격이 급락할 때 바닥이라고 불리는 나름의 지지선이 존재했다. 시장에서 가격이 이 정도 떨어졌으면 이제 정말로 바닥이라는 암묵적인 공감대가 형성되었다. 그쯤 되면 시장에 매수하려는 사람이 생겨나며 자연스레 반등의 계기를 만드는 일이 반복되곤 했다. 하지만 요즘은 그렇지 않다. "떨어지는 것에 날개가 없다."라는 말처럼 과거 바닥이라 여겨졌던 바닥을 뚫고 내려가 지하 세계까지 도달하는 일이 비일비재하다.

또한 이제 '꼭대기'라는 말도 쉽게 하면 안 된다. 희한하게 가격이 너무 올랐다 싶은 자산이 천장을 뚫어버리듯 더 높이 올라가는 일도 흔하다. 과거에는 너무 떨어진 것은 바닥에서 반등하고, 너무 오른 것은 꼭대기를 찍고 내려왔다. 그 과정에서 시장이 서로 보조를 맞춰 갔는데 이제는 그런 일이 드물다.

얼마 전 인터넷에서 "소형평형 지고 대형평형 뜬다"라는 제목의 부동산 칼럼을 본 적이 있다. 그 칼럼의 결론은 뚜렷한 논거를 대지 않고 "상반기에 25~30평형대 아파트 상승률이 너무 높았으니 앞으로는 상승률이 낮았던 대형평형이 상승할 확률이 높다."라고 주장했다. 그러나 이런 식의 단순 논리는 재테크 시장에서 더는 통하지 않는다.

필자는 오히려 지금 같은 초저성장 시대에 당분간은 지금까지 상승률이 높았던 자산의 상대가치가 다른 자산보다 더 좋을 것이라고 확신한다. 이것은 앞서 설명한 안전자산에 대한 선호와 밀접한 관계가 있다. 시장에서 안전자산으로 분류되면 끝없이 오를 것이고 안전성에 약간이라도 의심이 생기면 끝 모를 추락이 반복될 것이다. 시장의 자산 가격이 이제 더는 보조를 맞추지 않는다는 이야기다. 시쳇말로 "되는 놈만 된다."라는 말이 딱 맞아떨어지는 모양새다. 우리는 지금 미들 리스크와 미들 리턴이 완전히 사라지는 시대를 살고 있다.

BTS의 인기가 이해되지 않으면
절대 재테크하지 마라

세계 많은 젊은이들에게서 엄청난 인기를 얻고 있는 케이팝(K-pop), 그중에서도 방탄소년단(BTS)의 인기는 상상을 초월한다. 전 세계 어디에서나 그들의 공연을 보기 위해 밤새워가며 기다리는 인파들을 쉽게 볼 수 있다. 한류 열풍 중에서도 핵심을 차지하는 BTS는 웬만한 기업 이상의 매출과 수익을 올리는 건 물론이고 문화콘텐츠의 수출을 통해 한국 문화의 위상을 높이며 그야말로 국가를 대표하는 자랑 중의 자랑이 되었다.

하지만 기성세대들에게는 그 인기가 그저 놀랍고 신기할 뿐이다. 어떤 이들은 왜 그토록 그들에게 열광하는지 공감하기 어렵고 이해하지 못하기도 한다. 지금의 60대는 TV에서 아이돌의 빠른 랩이나 현란한 춤 동작을 보며 세대 차이를 느낀다고 한다. 이것은 어쩌면 당연한 일이다. 빠르게 변화하는 세상에서 최신 문화를 따라가는 건 그리 녹록지 않은 일이다. 하지만 100% 이해되지 않는다고 해서 눈과 귀를 닫고 "난 그런 건 몰라도 돼."라며 마음의 문을 닫으면 곤란하다. 자식 같은 젊은 세대들과 소통하고 공감하기가 점점 어렵겠지만 이런 공감 능력을 갖지 못한다면 경제를 이해하는 능력도 함께 떨어지기 때문이다.

얼마 전 미국 펜실베니아대학교의 한 수업에서 샘 리처즈 교수가 BTS를 언급해 화제가 되었다. 그는 수업 중에 "BTS를 알지 못하면 성공할 수 없다."라는 말을 했다. 그가 그런 말을 한 것은 새로운 시대의 변화나 트렌드를 제대로 읽지 못한다면 어떤 일을 하든 성공하기 어렵다는 취지였을 것이다.

과연 어떻게 하면
재테크를 잘할 수 있을까?

⋮

필자는 "어떻게 하면 재테크를 잘할 수 있을까요?"라는 질문을 자주 받는다. 이 질문에 정답이 있다면 아마도 필자를 포함해 모든 사람이 알고 싶어 할 것이다. 딱 떨어지는 단 하나의 답은 없겠지만

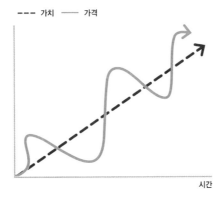

● 가치와 가격의 관계 ●

--- 가치   —— 가격

시간

분명한 것은 바로 보이지 않는 가치를 볼 줄 알아야 한다는 것이다. 결국 재테크 능력이란 가치에 비해 가격이 낮을 때 사서 가치에 비해 가격이 높아졌을 때 파는 능력을 의미한다.

가격은 눈에 보이지만 가치는 눈에 보이지 않는다. 보이지 않는 것을 보는 힘, 그것이 재테크 능력이다. 여기서 우리는 두 단어를 잘 이해해야 한다. 바로 가격과 가치다. 세상에 가치 있는 것, 또 앞으로 가치 있어지는 것은 반드시 가격도 올라간다. 하지만 가격이 항상 가치와 비례하지는 않는다. 가치가 올라간다고 해도 가격이 그 가치를 바로 반영하지는 못하기 때문이다. 결국 가격의 미래는 가치가 어디로 가는가에 달려 있다. 앞으로 무엇이 더 가치 있어지고 무엇이 가치 없어질 것인가?

한 가지 예를 들어 생각해보자. 편의점에서 쉽게 살 수 있는 500㎖짜리 생수 한 병의 가격은 보통 800원 정도다. 이 생수를 한여름 날

휴일에 북한산 꼭대기에서 판다면 가격이 얼마까지 올라갈 수 있을까? 인파가 많이 몰리는 더운 날 산꼭대기에서 얼음처럼 시원한 생수 한 병의 가격은 최고 2천 원까지 올라간다. 이처럼 가격이 2배 이상 올라간 이유는 무엇일까? 만일 이 생수를 사막 한가운데서 판다면 또한 가격이 얼마나 올라갈 수 있을까? 아마도 편의점에서 파는 생수 가격의 100배 이상까지 가능할지도 모르겠다. 이렇게 환경에 따라 생수의 가격이 올라간 이유는 생수의 가치가 그만큼 상승했기 때문이다. 그럼 높아진 가치는 어디에서 온 것일까?

사람들이 높은 가격을 받아들이면서까지 생수를 간절히 원하기 때문에 가격이 올라간다. 바로 '수요'가 증가하는 것이다. 사막에는 편의점에서 사 먹을 수 있는 생수를 쉽게 구할 수 없다. 그만큼 생수를 간절히 원할 수밖에 없는 상황이다.

왜 사람들이 BTS에 그토록 많은 관심을 가지는지 이해하는 일은 바로 사람들의 관심이 어디서부터 시작되어 또 어떻게 변하는지를 이해하고 공감하는 일과 같다. 사람들이 관심을 가지고 좋아하는 대상이 있다면 그것은 가치 있는 것이 된다. 또 그것이 대량생산을 통해 충분히 공급되지 못하는 것이라면 더더욱 그렇다. 결국 미래 경제 상황의 변화와 자산 가격을 꿰뚫는 통찰력이란 사람들의 관심의 방향이 어떻게 바뀌는지를 이해하는 능력에서 비롯되는 것이다. 그런 이유로 경제는 결국 인문학이고 사람을 이해하는 학문이라고 할 수 있다.

PART 5

똑똑한
아파트 한 채,
왜 이토록
중요해질까

똑똑한 아파트의 수익률이
가장 높은 이유는 따로 있다

사람들에게 "똑똑한 한 채의 수익률이 제일 높다."라는 말을 해주면 '그야 당연히 아파트값이 제일 많이 올랐으니까 그렇겠지!'라고 생각해버린다. 하지만 그건 완전히 틀린 생각이다. 만일 그동안 아파트가 더 많이 오르지 않고 그저 다른 자산과 비슷하게 올라갔다고 해도 그와 상관없이 1주택 수익률은 여전히 높기 때문이다. 이게 대체 무슨 소리일까? 어떻게 그런 일이 가능하다는 말인가?

바로 세금 때문이다. 소득이 생기면 절대로 세금을 피할 수 없다. 어떤 방법으로든 돈을 벌었다면 세금을 내야만 한다. 그런데 대한민국에서 유일하게 1주택으로 소득이 생긴 것에 대해서는 9억 원까지는 세금이 단 한 푼도 없다(1세대 1주택의 경우 9억 원 이하 주택은 2년 이상 거주 시 양도소득세 비과세). 또 만일 9억 원이 넘는 소득이 생기더라도 10년이 지나면 소득의 80%를 없는 것으로 인정해준다(1세대 1주택의 경우 장기보유특별공제 10년 80% 공제). 이것이 대한민국에서는 1주택 수익률을 이길 만한 자산이 없는 이유다.

1주택의 세금혜택을
이기는 자산은 거의 없다

세금이란 소득과 재산, 그리고 소비에 붙는 것인데 그중에서도 소득에 따라오는 세금이 가장 크다. 소득 종류별로 공제하는 크기는 다르지만 실제 과세표준이 정해지면 다음과 같은 과세표준별 세

● 2019년 종합소득세율 ●

과세표준	세율	누진공제액
1,200만 원 이하	6%	없음
1,200만~4,600만 원	15%	108만 원
4,600만~8,800만 원	24%	522만 원
8,800만~1억 5천만 원	35%	1,490만 원
1억 5천만~3억 원	38%	1,940만 원
3억~5억 원	40%	2,540만 원
5억 원 초과	42%	3,540만 원

율을 적용받아 세금을 내야 한다.

만일 대한민국에서 연간 5억 원의 소득이 생긴다면 세금을 얼마나 내야 할까? 표의 종합소득세율 구간별 세율을 적용해 계산하면 소득 5억 원에 대한 세금은 1억 7,460만 원이 나온다. 실제 소득 대비 세율은 34.9%나 된다.

반면 4억 원에 구입한 1주택이 9억 원이 되었다면(실제로 팔아서 양도소득 5억 원이 생긴다면) 이 경우 양도소득세는 0원이다. 똑똑한 아파트 하나의 위력은 가격 상승에 있는 것이 아니라 바로 세금혜택에서 나오는 것이다.

게다가 똑똑한 아파트 한 채가 9억 원이 넘는 고가주택이어도 10년 이상 보유한다면(2021년부터는 거주기간도 요건으로 추가) 9억 원 초과분에 대해 양도소득이 발생할지라도 80%를 공제해준다. 예컨대 9억 원이었던 아파트가 10년 후 14억 원이 되었다면 10년간 9억 원을 초과해 오른 5억 원에 대해서 양도소득세를 내야 하지만, 1주택이라면 80%는 장기보유특별공제로 빼주기 때문에 1억 원에 대해서만 소득세를 내면 된다. 구간별 세율을 적용해 계산하면 소득 1억 원에 대한 세금은 2,010만 원이고, 이마저도 실제 계산에서는 취등록세나 이사비용 등 금액을 과세표준에서 비용으로 빼주기 때문에 그보다 더 낮아질 것이다.

1주택 수익률을 다시 계산해보자. 4억 원에 산 아파트가 10년이 지나 14억 원이 된다면 수익률은 보통 이렇게 계산된다.

보유 기간	2018년 공제율		보유 기간	2019년 공제율
	1세대 1주택자	다주택자/ 건물토지		다주택자/ 건물토지
3년 이상~4년 미만	24%	10%	3년 이상~4년 미만	6%
4년 이상~5년 미만	32%	12%	4년 이상~5년 미만	8%
5년 이상~6년 미만	40%	15%	5년 이상~6년 미만	10%
6년 이상~7년 미만	48%	18%	6년 이상~7년 미만	12%
7년 이상~8년 미만	56%	21%	7년 이상~8년 미만	14%
8년 이상~9년 미만	64%	24%	8년 이상~9년 미만	16%
9년 이상~10년 미만	72%	27%	9년 이상~10년 미만	18%
10년 이상	80%	30%	10년 이상~11년 미만	20%
※ (8·2 대책) 장기보유특별공제 제외 대상			11년 이상~12년 미만	22%
• 적용 시점: 2018.04.01부터			12년 이상~13년 미만	24%
• 대상:			13년 이상~14년 미만	26%
① 조정지역 내 2주택자 이상 ② 고가주택(9억 원 초과분), 비거주자 국내 소유분			14년 이상~15년 미만	28%
③ 1세대가 주택과 입주권 보유 시 그 주택			15년 이상	30%

＊ 12·16 대책 이후 9억 원 이상 주택의 경우 장기보유특별공제율을 보유와 거주로 분리 운용 (부록 1 참조)

첫 번째 수익률: 아파트 매입가 대비 수익률

$$\frac{\text{시세차익 10억 원} - \text{양도소득세 2,010만 원}}{\text{아파트 매입가 4억 원}} \times 100 = \text{수익률 245\%}$$

수익률은 무려 245%다. 그러나 이 사람은 1주택자이므로 이 아파트에서 거주해왔다면 실제 투자한 원금은 4억 원이라고 볼 수 없다. 왜냐하면 이 아파트를 소유하지 않았더라도 어차피 주거를 위해서 최소 전세자금인 3억 원 이상은 부담했어야 하기 때문이다. 따라서 실제 투자한 원금은 4억 원이 아니라 그동안 주거를 위해서 반드시 필요했던 전세자금 3억 원은 빼고 생각해야 한다. 그러면 실제 수익률은 얼마일까?

두 번째 수익률: 실제 투자한 원금 대비 수익률

$$\frac{\text{시세차익 10억 원} - \text{양도소득세 2,010만 원}}{\text{실제 투자한 1억 원}} \times 100 = \text{수익률 980\%}$$

물론 이 경우는 집을 팔고 현금화한다는 가정이지만 여기서 우리가 확인할 수 있는 것은 1주택의 특수한 세금혜택을 보자면 '똑똑한 아파트 하나'만큼은 절대로 양보할 수 없는 것임이 틀림없다.

어쨌든 내집마련은
하는 것이 맞다

⋮

대학 동창 사이인 이정희 씨(32세, H대학교 교직원)와 정나연 씨(32세, S백화점 근무)는 각각 2005년 5월과 9월에 결혼했다. 둘은 성격이나 성장배경, 남편의 경제력 등 많은 면에서 비슷했다. 하지만 유독 내집마련에 있어서만큼은 차이가 있었다.

정희 씨는 남편과 결혼 전부터 10년 안에는 꼭 내집마련을 하겠다는 계획을 세웠다. 그래서인지 정희 씨에게 내집마련의 기회는 생각보다 빨리 찾아왔다. 결혼 4년 차가 되던 2009년 강동구 H아파트 106㎡(32평)를 당시 급매가인 4억 4,500만 원에 구입한 것이다. 1억 7천만 원 정도 추가 대출을 받았는데 부부는 저축하던 금액 일부를 이자로 내더라도 원래 내집마련 목표 기간이었던 10년 내에 대출 모두를 갚겠다는 새로운 목표를 세웠다. 정희 씨 부부의 최초 전세금과 아파트 구입 자금을 보면 다음과 같다.

이정희 씨 부부의 최초 전세금과 아파트 구입 자금
1. 2005년 신혼 전세 강동구 S빌라
   – 전세금 1억 7천만 원
   – 전세금 조달: 결혼 전 모은 돈 7천만 원 + 시댁 지원 1억 원 + 대출 없음
2. 2009년 주택 구입 강동구 H아파트
   – 매입가 4억 4,500만 원 + 취등록세와 기타 비용 2,700만 원
   – 자금 조달: 기존 전세금 1억 7천만 원 + 부부예금 1억 3천만 원 + 주택담보
   대출 1억 7,200만 원
3. 2009년 말 순자산
   – 아파트 매매가 4억 8천만 원 – 담보대출 1억 7,200만 원 = 3억 800만 원

한편 정나연 씨 부부는 처음부터 내집마련에 대해 부정적인 생각을 가지고 있었다. 2008년 글로벌 금융위기의 여파로 철옹성 같던 서울 집값이 흔들리는 것을 목격했기 때문이다. 더구나 2008년부터 대출이자율이 6%를 훌쩍 넘었는데 금융회사에 근무하던 나연 씨의 남편은 이런 시기에 집을 산다는 데 회의적이었다. "집에 몇 억씩

깔고 있는 것보다 그 돈을 다른 곳에 투자하는 게 낫지!"라며 지금처럼 집을 빌려서 생활하는 것이 훨씬 이득이라고 생각한 것이다.

실제로 나연 씨 남편은 투자에 재능이 있었다. 미혼 때부터 주식 투자를 했고 결과도 나쁘지 않은 편이었다. 나연 씨도 금융회사에 다니는 남편이 남들보다 더 빠른 정보력과 뛰어난 재테크 실력이 있다고 믿었다. 당장 친구인 정희 씨처럼 대출로 집을 사는 것보다는 여윳돈이 생기면 전세금 대출을 갚거나 적금을 가입하고, 남편이 그렇게 모인 목돈 중 일부를 직접 투자하는 방식이 더 낫다고 생각한 것이다.

하지만 나연 씨에게도 고민이 생기기 시작했다. 전세금이 생각보다 너무 빨리 오른 것이다. 두 번째 전세 갱신 때인 2009년 9월에는 전세금이 4억 원까지 올라 친구인 정희 씨의 아파트값에 육박하게 되었다. 나연 씨는 결혼 후 주식이나 예금으로 모았던 7천만 원을 고스란히 전세금을 올려주는 데 쓰고 말았다. 그것으로도 부족해 신용대출을 추가로 3천만 원 더 받았다. 나연 씨의 최초 전세금과 현재 자산을 보면 다음과 같다.

정나연 씨 부부의 최초 전세금과 현재 자산

1. 2005년 신혼 전세 동작구 89㎡(27평) S아파트
   - 전세금 3억 1천만 원 + 기타 비용 1천만 원
   - 전세금 조달: 결혼 전 모은 돈 1억 원 + 부모님 지원 1억 5천만 원 + 전세자금대출 7천만 원

2. 2009년 두 번째 전세금 갱신
 − 전세금 4억 원
 − 자금 조달: 추가 대출 3천만 원 + 예금 2,500만 원 + 주식 3,500만 원
3. 2009년 말 순자산
 − 아파트 전세금액 4억 원 − 전세자금대출 1억 원 = 3억 원

결혼 4년 만에 두 부부의 순자산은 거의 똑같아졌다. 결혼할 때 1억 원 정도 더 많은 돈을 가지고 시작했고 연봉도 더 높았음에도 불구하고 나연 씨에게는 내집마련이란 목표가 없었기 때문에 정희 씨만큼 저축에 집중하지 못한 탓이다. 또 정희 씨가 아파트를 급매로 샀으니 당장 가격이 오르지 않아도 앉은 자리에서 2천만~3천만 원을 번 효과도 있었다.

이때부터 10년이 지난 2019년, 두 부부는 똑같이 중학생 자녀 1명씩을 키우는 40대가 되었다. 그녀들은 각각 신혼 생활을 시작했던 강동구와 동작구에 위치한 99㎡(30평) 아파트로 이사해 거주하고 있었다. 정희 씨 부부는 목표로 했던 것처럼 대출을 모두 갚고 완전한 집주인이 되었다. 그동안 열심히 대출 상환을 하던 돈은 이제 노후를 위해 저축할 생각이다.

반면 나연 씨 부부는 급격히 오르는 집값 때문에 집을 살 타이밍을 잡지 못해 여전히 무주택이다. 그동안 전세금도 가파르게 올라서 투자하며 모은 돈은 만져볼 틈도 없이 전세금을 올려주는 데 모두 써버렸다. 현재 살고 있는 동작구의 아파트는 2011년 79㎡(24평)

에서 지금의 112㎡(34평)로 옮긴 것이다. 그동안 네 번의 전세 계약을 하면서 두 번이나 이사를 했고 그사이 2011년 4억 2천만 원이었던 전세 가격은 현재 6억 원까지 올라갔다. 대출이 더 늘어나지는 않았지만 애써 모으고 투자한 돈은 부부가 생각한 것과 다르게 투자 효과를 보기는커녕 오른 전세금에 블랙홀처럼 빨려들어가버렸다. 지금 이 두 부부의 순자산은 다음과 같다.

2019년 기준 두 부부의 순자산

1. 이정희 씨(46세) 부부
   – 강동구 112㎡(34평) 아파트 8억 2천만 원 + 예금 4천만 원 = 순자산 8억 6천만 원
2. 정나연 씨(46세) 부부
   – 전세금 6억 원 + 주식 2천만 원 – 전세자금대출 7천만 원 – 신용대출 3천만 원 = 순자산 5억 2천만 원

사실 연봉은 정희 씨 부부보다 나연 씨 부부가 더 높았다. 그런데도 10년 만에 왜 이처럼 큰 차이가 생긴 것일까? 정희 씨 부부는 1주택을 당연한 과제로 받아들였지만 나연 씨 부부는 1주택을 투자라고만 생각했기 때문이다. 1주택을 마련하는 것은 투자가 아니라 필수적인 재무목표다. 만일 내집마련이 투자라면 그 투자를 하지 않은 대가로 남는 돈을 다른 곳에 투자할 수 있어야 한다. 하지만 나연 씨의 사례에서 보듯이 1주택에 투자하지 않았는데도 그 돈은 다른 투자가 아니라 거주를 위한 전세금으로 고스란히 들어갔다.

2009년까지 두 부부 모두 맞벌이였기 때문에 저축으로 모을 수 있는 금액은 월 250만 원, 연간 3천만 원 정도로 비슷했다. 한쪽은 이 금액을 집값을 갚는 데 넣었고 다른 한쪽은 예금이나 주식으로 모았다. 하지만 예금과 주식이 투자 효과를 발휘하기도 전에 상당 부분이 전세금으로 들어가버렸다. 2009년 이후 높아진 연봉에도 불구하고 자녀교육비가 많이 들어가기 시작하면서 양쪽 모두 저축 액은 연간 2천만 원 미만(월 160만 원 정도)으로 줄어들었다. 이때 정희 씨 부부는 이 돈을 대출 상환에 사용했는데, 집값이 스스로 오르면 서 자산가치를 끌어올려주었다.

반면 나연 씨 부부는 이 돈을 여전히 전세금을 올려주는 데 사용 했다. 그사이에도 집값은 뛰었고 집값이 오른 만큼 두 부부의 자산 차이가 벌어지게 되었다. 이때 집을 산 사람이나 사지 않은 사람이 나 모두 대출이자를 내고 있었다. 하지만 한쪽은 돈을 벌어주는 집 에 내는 비용(담보대출)이었고 다른 한쪽은 그냥 현상유지를 위한 비 용(전세자금대출, 신용대출)이었다. 물론 집값이 떨어진다고 가정하면 반 대로 나연 씨 부부에게 유리한 국면으로 전개될 수 있다. 하지만 우 리나라 주택시장의 현실을 자세히 들여다보면, 주택을 보유하는 것보다 보유하지 않는 것이 훨씬 더 위험하다.

부동산 냉각기가 와서 주택 구입을 포기하는 사람이 늘어난다 고 해도 조금의 변화가 생긴다면 다시금 사겠다는 방향으로 바뀐 다. 집값이 주춤하는 시기에는 집에 대한 수요가 없는 것이 아니라, 해당 가격대에서의 수요가 없다는 의미다. 따라서 자산 관리에 대한 별다른 준비가 없는 상태에서 집을 무조건 사지 않겠다고 고집하는 것보다 내집마련을 목표로 목돈을 키우려는 노력이 반드시 필요하다.

2015년 시작된 양극화, 집값의 운명을 결정하다

영화를 보기 위해 즐겨 찾는 복합상영관인 멀티플렉스는 여러 개의 스크린이 모여 있어 한곳에서 다양한 영화를 관람한다는 취지로 시작되었다. 하지만 실제로 가보면 '멀티'라는 말이 무색할 정도로 인기 있는 영화가 스크린을 독식하는 경우가 많다. 인기 있는 영화에만 관객이 몰리니 상영관 입장에서 어쩔 수 없는 부분이 있을지도 모른다. 이처럼 우리 사회는 다양성을 추구하는 듯 보이지만 사실 매우 획일화된 경향이 나타나기도 한다. '양극화'라는 단어는 아마도 2000년대 들어서 가장 많이 쓰이는 단어일 것이다.

양극화란, 서로 다른 계층이나 집단 사이에서 점점 더 그 차이가 확대되는 것을 말하는데, 이제는 일부 특정한 경향에 따라 이질성이 극대화되는 현상을 뜻하기도 한다. 요즘 요식업을 하는 자영업자들은 한 달 임대료도 내지 못할 정도로 어렵다고들 한다. 그런 와중에 소문난 맛집에는 줄이 길게 늘어서서 한참을 기다리면서까지 먹겠다는 사람들이 몰려든다. 양극화, 이 괴물 같은 놈은 "되는 놈만 된다."라는 말을 그대로 보여주는 듯하다.

대한민국 부동산도 2015년을 기점으로 이 양극화가 시작되었다. 수도권과 서울 일부 지역은 가격이 천정부지로 오르는 경우가 있었던 반면, 지방은 수도권의 1/3, 아니 1/4에도 못 미치는 가격이 되어버렸다.

우선 서울과 지방 6대 광역시의 집값을 비교해보자. 광역시라면 인천, 대전, 대구, 광주, 부산, 울산으로 인구 100만 명이 넘는 꽤 큰 도시를 말한다. 서울과 6대 광역시의 아파트 중위가격을 보면 2015년 전까지는 가격 차이가 3억 원 미만이었으나 2019년에는

● 서울과 6대 광역시 아파트 중위가격 추이 ●

구분	2013년	2014년	2015년	2016년	2017년	2018년	2019년
서울	4억 6,332 만 원	4억 6,974 만 원	4억 8,039 만 원	5억 4,081 만 원	5억 9,585 만 원	7억 500 만 원	8억 2,711 만 원
6대 광역시	1억 7,074 만 원	1억 8,369 만 원	1억 9,502 만 원	2억 2,870 만 원	2억 3,707 만 원	2억 4,040 만 원	2억 4,169 만 원

자료: KB국민은행

＊ 중위가격이란? 중앙가격이라고도 하며 해당 지역의 주택 가격을 순서대로 나열했을 때 맨 중앙에 있는 가격을 의미한다. 평균 가격과는 다른 개념이다.

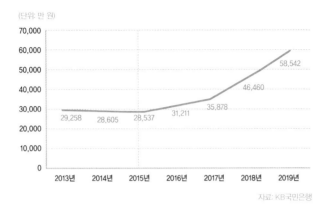

● 서울과 6대 광역시 아파트 중위가격 차이 ●

(단위: 만 원)

29,258 28,605 28,537 31,211 35,878 46,460 58,542

2013년 2014년 2015년 2016년 2017년 2018년 2019년

자료: KB국민은행

5억 8,542만 원까지 벌어졌다. 어느 정도 일정했던 가격의 격차가 2015년을 기점으로 깨지고 본격적인 양극화가 시작된 것이다.

서울과 지방에만 양극화가 시작된 것은 아니다. 이 시기에는 서울 안에서도 양극화가 시작되었다. 서울에 25개 구 아파트 평당 가격의 추이를 보면 평당 가격이 가장 높은 강남구와 가장 낮은 도봉구, 금천구의 가격 차이는 2000년 들어서 항상 일정한 간격을 유지하고 있었지만 역시 2015년부터는 그 차이가 급격하게 확대되며 양극화가 발생하고 있다. 서울시에서 가장 집값이 높은 최상위지역 3개구(강남, 서초, 송파)와 서울 집값의 중간 수준인 3개구(종로, 강서, 서대문), 가장 집값이 낮은 3개구(중랑, 금천, 도봉)의 지난 10년간 매매가 추이를 살펴보면 알 수 있다.

그렇다면 왜 2015년부터 이런 양극화가 시작된 것일까? 양극화

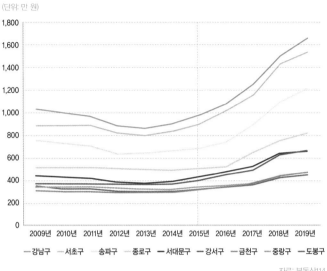

가 시작된 원인을 제대로 파악한다면 앞으로의 미래 주택 가격을 예측하는 데 도움이 될 것이다.

양극화의 출발이 2015년인 이유 ①
완화적 부동산정책

⋮

우선 부동산정책을 살펴볼 필요가 있다. 주택시장은 정책에 따라 큰 영향을 받기 때문이다. 2014년 박근혜 성부는 주택시상 활력 회복을 위해 주택담보대출의 걸림돌로 지적되던 LTV(주택담보대출비율)는 70%, DTI(총부채상환비율)는 60%까지 상향 조정했다. 한마디로 집값의 30%만 있어도 대출을 받아 주택을 구입할 길이 열렸던 것이다. 이때 확실한 갭투자의 여건이 마련되었던 셈이다.

특히 부동산 3법이라고 불리는 분양가 상한제 완화, 초과이익제 폐지, 재개발 다주택자 분양 허용과 같은 부동산시장 활성화 대책으로 재개발·재건축 수혜에 대한 기대감을 높였다. 이 같은 규제 완화로 부동산시장이 활성화되어 2015년 한 해 주택매매 거래가 119만 3,691건에 이르며 역대 최대치를 기록했다. 아울러 청약제도의 개편으로 수도권 1순위 자격요건이 청약통장 가입 2년에서 1년으로 줄면서 아파트를 사려는 매매시장은 어느 때보다 활발했다. 이처럼 2014년부터 시작된 부동산 완화정책은 2015년 주택거래량을 급격히 높이며 사람들의 이목을 인기 지역, 즉 똘똘한 아파트 한 채에 집중시켰다. 바로 이것이 양극화의 출발점이다. 하지만 이제 이 정책들은 대부분 철회되었다.

양극화의 출발이 2015년인 이유 ②
급격한 초저금리로의 진입

⋮

주택시장에 큰 영향을 끼치는 변수는 바로 금리다. 그렇기에 금리 인하는 주택 수요를 증가시키는 결정적인 요인이 되는데, 주택

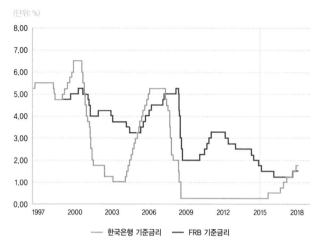

● 금리변동 추이 ●

(단위: %)

한국은행 기준금리 ── FRB 기준금리

* 2008년 2월까지는 콜금리 목표, 2008년 3월부터는 한국은행 기준금리
* 매년 1월 1일 기준

을 새로 구입하려는 사람들에게 금리란 집을 사기 위해 필요한 미래 비용이기 때문이다. 미래 비용이 낮아진다면 주택을 사려는 사람은 늘어나게 된다. 한국은행은 2014년 하반기에 한 차례 금리를 인하해 기준금리를 2.25%로 낮추었다. 그런데 이듬해인 2015년에는 무려 3회에 걸쳐 금리 인하를 단행해 기준금리를 1.5%까지 끌어내림으로써 사상 최초로 1% 금리 시대를 열었다. 이것은 시장에 본격적인 초저금리 시대의 서막을 알리는 신호였다. 심지어 2015년에는 금리 인하가 금융위기 때를 제외하고 찾아보기 힘든 횟수와 폭으로 이루어졌다. 이처럼 급격하게 낮아진 금리는 주택거래량을 크게 높이는 결과를 가져왔다.

양극화의 출발이 2015년인 이유 ③
초저성장으로 인한 안전자산 쏠림현상

:

주택시장 양극화의 또 다른 원인은 대중의 심리와 무관치 않다. 바로 경제위기 때마다 나타나는 사람들의 안전자산 선호현상이 바로 그것이다. 경제위기란 1997년 IMF 외환위기나 2008년 글로벌 금융위기처럼 시장이 갑자기 큰 충격을 받는 현상을 일컫는데, 지금처럼 장기적인 경기부진으로 지속적인 어려움이 닥친 경우도 포함할 수 있다. 질병으로 비유하자면 금융위기는 급성질환이고 지금의 초저성장 경제는 만성질환과 비슷하다. 이런 초저성장이 지속될 것이란 시장심리는 사람들로 하여금 비싼 대가를 치르더라도 안전자산만을 선택하게 한다. 아파트는 대한민국에서 유일하게 여겨지는 대표적 안전자산이다.

2000년대 이후 우리나라 경제성장률은 미국발 글로벌 금융위기와 유럽 재정위기 같은 몇 번의 경제위기를 넘어 2014년 다시 3.3%로 3%대 성장률을 보였지만, 2015년부터는 3%를 넘지 못하고 2%대로 주저앉아버렸다. 미국과 유럽 위기가 지난 이후였던 2013년에도 3% 미만이었던 적이 있기는 했지만 2015년의 2%대 경제성장률은 그전과 다른 의미로 받아들여졌다.

2015년 당시 미국은 금리 인상을 예고하던 상황이었는데 같은 시기에 유독 한국만이 급격히 금리를 내리기 시작했다. 이 같은 현

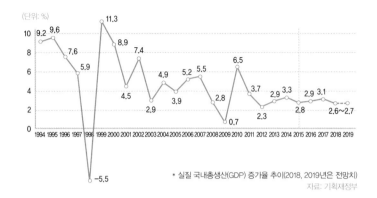

● 최근 25년간 대한민국 경제성장률 추이 ●

(단위: %)

* 실질 국내총생산(GDP) 증가율 추이(2018, 2019년은 전망치)

자료: 기획재정부

상은 한국의 경제성장률이 그전과는 달리 가까운 시일 내에 개선되기 어렵다는 신호로 인식되었다. 경제가 어려울 때 돈은 위험자산을 떠나 안전자산으로 대이동을 시작하게 되는데, 이 경우 마침 주택시장의 거래 활성화와 맞물려 좀 더 안전자산으로 여겨지는 똘똘한 1주택으로 돈이 몰린 것이다.

안전자산이란 변동성이 적어 장기적으로 선호되는 자산을 의미한다. 부동산을 기준으로 살펴보면 지방보다 서울에 있는 부동산이 안전자산으로 여겨지고, 공실의 위험이 높아 변동성이 있는 상가나 오피스텔보다 공실 위험이 적은 아파트가 더 안전한 자산으로 평가된다. 또 서울이라도 부자들이 더 많이 모여 사는 매매가 상위 지역의 아파트가 더욱 안전한 자산으로 인식되는 것도 이런 관점에서 보면 당연하다.

낮은 경제성장률로 인한 안전자산 선호현상

① 서울 부동산 > 지방 부동산

② 아파트 > 상가, 오피스텔

③ 상위 지역 아파트 > 하위 지역 아파트

정리하자면 2015년부터 시작된 주택 가격의 양극화는 크게 세 가지 원인에서 시작된 것이다.

2015년 시작된 주택 가격의 양극화 원인

① 완화적 부동산정책(쉬워진 갭투자) → 폐기됨

② 급격한 초저금리로의 진입(실물자산 가치 증가) → 여전히 진행 중

③ 초저성장으로 인한 안전자산 쏠림현상 → 여전히 진행 중

아파트 가격,
도대체 언제까지 오를까

우선 '가격이 오른다'라는 말의 정의를 제대로 알아보자. 아파트 가격이 오른다는 건 아파트의 절대가격이 오른다는 것이 아니라 상대가격이 오른다는 말이다. 그동안 시장에서는 아파트 가격만 오른 것이 아니라 예금, 주식, 토지 등 다른 자산 가격도 함께 올랐다. 다만 다른 자산의 상승률이 아파트 상승률에 미치지 못했기 때문에 아파트의 가격이 많이 오른 것으로 인식되는 것뿐이다. 따라서 '가격이 오른다'는 말은 다른 자산과 비교했을 때 아파트가 가지는 상대적인 가치, 즉 상대가격이 올랐음을 의미하는 것으로 이해해야 한다.

똑똑한 아파트 상승세,
앞으로 20년 이상은 간다

⋮

주택 총수요는 인구보다 가구 수와 더 밀접한 관련이 있다고는 하지만 인구 역시 무시할 수 없는 요소다. 그런데 통계청이 발표한 예상 출생률과 사망률을 기초로 한 〈연령대별 예상 인구〉를 살펴보면 2040년 우리나라 인구는 2020년 현재보다 약 2%가 줄어든 5,076만 명으로, 지금보다 겨우 102만 명이 적은 수준이다. 이 자료를 보면 20년 후에도 주택 총수요를 급격히 낮출 만한 인구 변화는 없다고 봐야 할 것이다.

물론 인구 하나만을 놓고 집값을 예측할 수는 없다. 집값을 결정하는 변수는 경제성장률, 국민소득, 주택공급량, 금리수준 등 다양하기 때문이다. 하지만 인구만을 놓고 예측해보려면 결국 도심에

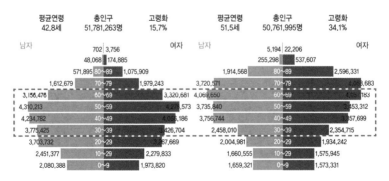

● 2020년(왼쪽)과 2040년(오른쪽) 연령대별 예상 인구 ●

* 7% 이상 고령화사회, 14% 이상 고령사회

자료: 통계청

서 머물며 경제활동에 적극적으로 참여하려는 인구가 얼마나 많은 가를 파악해야만 한다. 주택에 대한 수요가 가장 강한 30세 이상 70세 미만 연령대의 인구를 살펴보자. 과거에는 60세나 65세를 일 차적인 은퇴시점으로 봤지만 현재는 70세로 보는 것이 타당하다. 지금은 '은퇴를 할 수 없는 시대'란 말이 있을 정도로 노인인구의 경 제참여율이 계속해서 높아지고 있기 때문이다.

그로 인해 노인들도 점차 도심을 떠날 수 없게 되었고, 최소한 70세 이전까지는 주택을 소유하려는 성향이 강하다. 2020년 30세 이상 70세 미만 연령대별 인구는 약 3,056만 명에서 20년 후인 2040년에는 약 2,724만 명으로 10.8% 정도 줄어들 것으로 예상된 다. 이 역시 주택 총수요를 크게 변화시킬 만큼 의미 있는 수치는 아니다. 왜냐하면 줄어든 인구보다 가구 수가 더 폭발적으로 증가 하고 있기 때문이다. 따라서 앞으로 20년 이내에 인구라는 요소 때 문에 주택 총수요가 감소하고 그로 인해 아파트값이 하락한다고 예 상하기엔 무리가 있다. 다시 말해 인구 감소로 인해 아파트 가격이 꺾이려면 꽤 오랜 시간이 걸릴 것이란 뜻이다.

강연을 하다 보면 상당히 많은 사람들이 "언제부터 집값이 떨어 질까요?"라는 질문을 던진다. 이 질문은 반대로 보면 "언제까지 집 값이 오를까요?"라는 의미이기도 하다. 어쨌든 중요한 것은 집값이 어떤 특정한 시기를 전환점으로 해서 하루아침에 방향이 180도 달 라지지는 않을 것이라는 사실이다. 설사 변화가 있더라도 매우 서

서히 일어날 가능성이 크다. 그럼에도 불구하고 굳이 언제부터 집값에 변화가 있을지 특정 시점을 집요하게 물어본다면, 먼저 인구를 제외한 다른 변수가 달라지지 않는 한 20년 내에 이런 추세는 크게 달라지지 않을 거라고 말하고 싶다. 이는 앞에서 살펴본 20년 후 연령대별 예상 인구를 근거로 한다.

그리고 1974년생이 70세가 되는 해인 2044년쯤에 변화가 생길 것이라 생각한다. 우리나라는 한국전쟁 이후를 기점으로 한 해에 80만 명 이상 태어나는 베이비붐 시대가 시작되었다. 한 해 출생자 수는 해마다 늘어 1971년에 정점인 102만 명을 찍었고 1974년생부터는 조금씩 줄어들어 1983년에는 80만 명 이하로 떨어졌다. 그 이후 1990년대 초에 반짝 늘어났지만 큰 흐름은 계속 줄어들어 2018년에는 한 해에 고작 33만 명 정도가 태어났다.

이런 흐름을 볼 때 1974년은 인구구조 전환점이 된 터닝포인트다. 즉 지금 세대의 인구구조는 1974년 이전에 태어난 '인구증가세대'와 1974년 이후에 태어난 '인구감소세대'로 나뉘어 있는 것이다. 물론 1974년 이전 태어난 세대가 70세를 넘긴다고 해서 무조건 집을 팔고 도시를 떠날 수는 없다. 하지만 그전보다 주택 총수요는 조금씩 감소할 가능성이 있다. 그렇다면 인구증가세대 전체가 모두 70세를 넘기는 시점은 언제일까? 그 시점은 바로 2044년이다. 그래서 2044년에 집값에 변화가 생길 거라고 이야기한 것이다.

이전 출생자	1974년	이후 출생자
|		|
인구증가세대		인구감소세대

똑똑한 아파트의 상승세,
경제성장률 3.5% 복귀 전까지 간다

⋮

정부는 집값 안정을 위해 3기 신도시 건설과 같은 대규모 주택 공급정책을 펼치고 있다. 하지만 집값이 당장 공급계획 발표에도 생각처럼 크게 영향을 받지 못하는 이유는 실제 공급까지 오랜 시간이 걸린다는 점과 새롭게 공급되는 주택이 사람들의 선호가 높은 서울 같은 지역 대상이 아니란 점 때문이다. 그렇다고 하더라도 공급계획은 아파트 가격을 장기적으로 안정시키는 데 반드시 필요하다. 그러나 단기적으로 집값을 안정시키고 똑똑한 아파트의 상승세가 꺾이기 위해서는 경제성장률의 회복이 절대적으로 필요하다. 지금처럼 낮은 경제성장률(2019년 2.0% 예상) 상황에선 특정 집에 대한 쏠림현상을 억제하기 어렵다.

많은 사람들은 경제성장률이 높아지면 소득도 늘어나 오히려 주택 가격을 상승시키지 않겠냐고 반문하지만 그렇지 않다. 물론 소득은 장기적으로 주택 가격에 영향을 주지만, 그보다는 당장 경제성장 수준이 안정을 되찾고 그에 따라 금리가 올라가야만 똑똑한 주택으로만 쏠리는 돈을 다른 투자처로 분산시킬 수 있다. 지금처럼 경제성장률이 저조하면 똑똑한 아파트라는 안전자산 외에 다른 대체재를 찾지 못하고 낮은 금리 때문에 아파트로만 돈이 몰리게 되기 때문이다.

강력한 부동산 억제정책이 계속된다면 집값을 붙잡아둘 수 있겠지만 그때뿐이다. 지금처럼 이렇게 경제성장률과 금리의 낮은 국면이 전혀 해소되지 않는 한 수도권과 서울을 중심으로 한 아파트 가격의 강세는 지속될 것이다.

> **단기적인 집값 안정을 위한 열쇠**
> ① 경제성장률 3.5% 이상으로 복귀할 수 있을까?
> ② 기준금리 2.5% 이상으로 복귀할 수 있을까?

점점 설 자리를
잃어가는 다주택자

⋮

일부 특정 아파트로의 쏠림현상이 커지는 또 다른 이유는 1주택자 이외의 다주택자들에 대한 정부의 압박이다. 현 정부의 부동산 억제정책을 한마디로 정리하자면 2주택 이상 다주택자들에게 높은 과세를 부과함으로써 불이익을 주겠다는 것이다. 지나친 집값 상승의 원인이 실소유자보다 다주택자들에게 있다고 판단해, 다주택자들로 하여금 1주택만 제외하고 팔도록 유도하려는 의도가 담겨 있다. 똑똑한 아파트 한 채가 더욱 주목받는 가장 큰 이유가 바로 여기에 있다.

2018년 4월 전까지는 다주택자라고 하더라도 주택을 통해 생긴 이익에 대해 부과하는 세금인 양도소득세를 정해진 세율에 따라서만 부과했다. 또 장기간 보유했을 때 그 양도소득 금액의 일부를 장기보유특별공제라는 명목으로 줄여주었다. 하지만 이제는 조정대상지역 내에 2주택을 가진 세대는 주택을 매매해 양도소득이 생긴 경우 기본 세율의 10%를 추가로 내야 하고, 3주택 이상 세대는 20%를 추가로 부과하게 된다.

또한 청약조정대상지역 내에서는 분양권을 전매할 경우 보유기간에 관계없이 양도소득세 50%, 2017년 8월 3일부터는 1세대 1주택 양도소득세 비과세(매매가 9억 원 이하)라고 하더라도 투기지역과 투기과열지구, 조정대상지역의 경우 실거주 2년 이상이 되어야만 한다. 2주택 이상자와 고가주택(9억 원 초과분), 그리고 1세대가 주택과 입주권을 동시에 보유할 경우에도 장기보유특별공제가 배제된다.

구분	과세표준	세율			누진공제
		기본	2018.04.01. 조정지역 내 적용		
			2주택	3주택	
2년 이상 보유 다주택자 및 1년 이상 보유 입주권	1,200만 원 이하	6%	16%	26%	
	1,200만~4,600만 원 이하	15%	25%	35%	108만 원
	4,600만 원 초과 ~8,800만 원 이하	24%	34%	44%	522만 원
	8,800만 원 초과~ 1억 5천만 원 이하	35%	45%	55%	1,490만 원
	1억 5천만 원 초과 ~3억 원 이하	38%	48%	58%	1,940만 원
	3억 원 초과~ 5억 원 이하	40%	50%	60%	2,540만 원
	5억 원 초과	42%	52%	62%	3,540만 원
1년 미만 보유	주택＋입주권	40%			
	토지	50%			
1년 이상~ 2년 미만	주택＋입주권	6~42%			
	토지	40%			
미등기 양도		70%			

세부내역

① 2018.03.31까지는 투기지역 내 2주택자는 기본세율 적용, 3주택 이상은 기본세율＋10%

② 청약조정대상지역에서 분양권 전매 시 보유기간에 상관없이 50% 적용(2018.01.01부터
적용)

③ 1세대 1주택 양도세 비과세(실거래 9억 원 이하): 투기, 투기과열, 조정대상지역에서는 2년
이상 거주 추가

④ 일시적 2주택자는 신규주택 취득 후 3년 내 기존 주택 매매 시 양도세 비과세

⑤ 양도세 납부기한은 양도일이 속하는 달의 말일부터 2개월 이내

어디에나 생겨나는
지역별 강남의 네 가지 조건

똑똑한 아파트라고 하면 가장 먼저 떠오르는 이름은 바로 강남이다. 1963년 전까지 지금의 서울 강남 지역은 경기도 광주군에 속해 있었다. 그 이후로 서울이 한강 남쪽 지역으로까지 확대되며 한강(江) 남(南)쪽 지역이라는 뜻에서 지금의 강남(江南)이 되었다.

하지만 사람마다 생각하는 강남의 범위는 다르다. 행정구역상 서울시 강남구만을 강남이라고 하기도 하고, 서초구까지를 강남이라고 말하는 사람도 있다. 또 송파구까지 포함해 강남 3구라는 표현을 쓰기도 한다. 특히 8학군의 범위인 강동구까지 통틀어 강남 4구라고 말하는 사람도 있다(주로 송파구나 강동구에 거주하는 사람들의 의견이지만). 이런 다양한 정의는 강남이란 이름의 브랜드파워가 그만큼 대단하다는 반증이기도 하다.

1970년 후반부터 시작된 강남 개발은 잘 조성된 도로망 위에 대규모 아파트 단지가 들어서면서 본격화되었다. 게다가 명문 고등학교들이 8학군인 강남, 서초, 송파, 강동으로 대거 이전하면서 자녀교육에 열의가 높은 중산층들이 이곳으로 몰려들기 시작했다. 1974년에 고교평준화가 이루어졌지만, 그 후에도 명문고가 많다는 이미지와 좋은 면학 분위기 덕분에 강남은 교육환경이 좋은 지역으로 인식되었다. 그런 좋은 교육환경을 가진 강남은 누구나 살고 싶어 하는 대표적인 으뜸주거지가 되었다. 하지만 1990년대 이후 국민소득이 늘고 중산층 이상의 계층이 늘어나면서 이런 으뜸주거지, 즉 강남에 대한 수요는 기하급수적으로 확대되었다.

이제는 서울과 경기도, 인천광역시의 인구를 모두 합친 수도권의 인구가 2,581만 명(서울 977만 명, 경기도 1,308만 명, 인천광역시 295만 명)으로 대한민국 전체 인구인 5,170만 명의 50%나 되는 상황이다. 그렇다 보니 많은 사람들이 저마다 으뜸주거지를 찾으려고 하지만 그에 비해 대표 으뜸주거지인 강남의 범위는 매우 좁다. 따라서 지역마다 강남을 대체할 만한 차별화된 주거환경을 가진 으뜸주거지가 나타났고 지금도 계속 나타나고 있다. 여기서 말하는 으뜸주거지가 중요한 이유는 다른 지역과 비교해 주택 가격에서 확실한 차별화를 보이기 때문이다.

그렇다면 이 책을 통해 다루고 있는 '똑똑한 1주택' 또는 '똑똑한 아파트'란 지역별로 증가할 으뜸주거지와도 밀접한 관련이 있다. 따라서 으뜸주거지 '강남'은 지금의 강남구, 서초구만으로 국한할 게 아니라 현재 지역별로 존재하는 으뜸주거지와 앞으로 새롭게 출현할 차별화된 주거지 모두를 가리키는 용어라고 할 수 있다. 실제로 이런 개념은 현실적으로 사용된다. 2019년 말까지 전국의 지역별 대표적 으뜸주거지로 꼽히는 강남은 다음과 같다. 물론 여기에 거론되지 않은 이외의 또 다른 강남이 있을 수도 있다.

지역별 으뜸주거지 강남의 사례
- 서울의 강남: 강남구, 서초구, 송파구
- 서울 서부권 강남: 양천구 목동, 여의도
- 서울 남부권 강남: 경기도 과천시, 분당, 판교, 위례
- 인천광역시 강남: 송도
- 경기도 안양시 강남: 평촌, 산본
- 수원시 강남: 광교 신도시
- 충청권 강남: 세종시
- 대구광역시 강남: 수성구 범어동
- 부산광역시 강남: 수영구, 해운대구

앞서 언급한 강남 개발의 간략한 역사를 바탕으로 생각해보면 앞으로 이런 지역별 강남, 즉 똑똑한 아파트가 되기 위한 조건은 크게 네 가지 정도로 요약할 수 있겠다.

> **지역별 으뜸주거지 강남(똑똑한 아파트)의 조건**
> 1. 입주민의 동질성: 대규모 아파트 단지
> 2. 초중고 교육환경: 명문 학교나 좋은 면학 분위기
> 3. 교통과 자연환경: 교통 편의성과 자연친화적 환경
> 4. 입주민의 경제력: 높은 고소득자 비율

① 거주민들의 경제적 수준이 비슷해야 한다

거주민의 동질성은 공동체로서의 강한 커뮤니티 의식을 만들어 어쩌면 다소 배타적인 성격을 띤다고도 할 수 있다.

> **강남의 주거환경**
> • 강남은 대규모의 아파트로 동일한 거주 형태를 띤다(동질성, 배타적 커뮤니티).
> • 아파트, 빌라, 연립, 단독세대가 혼재되어 있지 않다(주거 형태가 이질적이지 않음).

으뜸주거지로 인정되면 실제로 주변과의 집값 차이가 꽤 크게 벌어진다. 또 이 지역에 거주하는 사람들은 주거지에 대한 자부심이 있기 때문에 특정한 지역만을 한정 짓는 명칭을 사용한다. 예컨대 광교에 사는 사람은 절대 수원에 산다고 말하지 않고, 평촌에 사는 사람은 안양에 산다고 말하지 않으며, 인천이 아니라 송도에 산다

고 말한다. 또 분당에 사는 사람이 성남에 산다고 말하는 것을 들어
본 일도 거의 없다.

　우리나라는 언젠가부터 사는 곳에 따라 자신의 사회적 지위가
나뉜다는 인식이 은연중에 팽배해 있다. 집값이 양극화되면서 지
역별 서열은 실제 소득과 자산과의 연관성이 매우 높아진 것이다.
따라서 강남 같은 으뜸주거지의 경우에는 주택이 갖는 고유의 주
거 기능 이외에 주택이 거주자의 지위를 나타내는 지위재(地位財.
Positional goods)로서의 성격이 가격에 반영되어 있다고 봐야 한다.

　참고로 여기서 말하는 지위재란, 재화의 가격이 품질이나 기능
보다는 그 재화의 고유한 인식과 이미지에 따라 결정되는 속성을
지닌 것으로, 소유한 사람의 계층을 나타내는 데 사용되는 재화다.
명품이 대표적인 지위재다.

② 똑똑한 아파트의 조건은
교육환경이 좌우한다

⋮

　고교평준화가 이루어지기 전에는 명문 학교가 강남의 대표적인
교육 인프라였다. 하지만 지금은 학교뿐만 아니라 학원 인프라와
면학 분위기가 강남을 상징하는 대표적인 교육환경이라고 할 수
있다.

우리 아이가 학교를 처음 들어간다고 가정해보자. 이 세상 어딜 가나 학교에는 공부를 열심히 하는 아이도 있고 학교에서 말썽을 피우는 불량한 아이도 있기 마련이다. 공부를 하는 아이와 안 하는 아이가 엄연히 공존하는 학교에 우리 아이가 진학한다면 머릿속은 복잡해질 수밖에 없다. 이유는 간단하다. 우리 아이가 공부를 열심히 하는 아이와 친해져 공부에 집중하는 길로 갈지, 아니면 안 하는 아이와 친해져 공부와 멀어질지 알 수 없기 때문이다. 따라서 면학 분위기란 공부를 잘하는가와 못하는가의 문제가 아니다. 그냥 모두가 공부를 하는가의 문제다.

공부 잘하는 아이의 비율이 높은 학교가 면학 분위기가 높은 게 아니라 반에서 꼴찌를 하는 아이들조차도 정말 열심히 공부하는 학교, 다시 말해 모든 아이들이 교육열 높은 부모의 영향을 받은 학교가 면학 분위기가 좋은 학교인 것이다. 정말 학력수준이 높은 학생들의 비중이 높은 학교라면 흔히 생각하기에 특목고나 과학고, 외고일 것이다. 그에 비해 일반고를 기준으로 보면 강남은 학력 자체가 높다기보다는 학업에 대한 몰입도가 매우 평준화되어 있다고 할 수 있다. 이것은 부모가 자녀를 학교에 보낼 때 안심하고 보낼 수 있는 학교인지가 중요하다는 말이다. 공부를 잘하고 못하고는 두 번째 문제다.

③ 교통 편의성과
자연친화적 환경이 핵심이다

⋮

서울과 수도권, 그리고 대도시라면 지하철과 버스 같은 대중교통이 발달해, 으뜸주거지로 인정받는 지역만 더 특별하다고 말할 수 없다. 이것이 예전 주택 분양 때 많이 보던 광고 문구인 '지하철 도보로 5분, 10분'이란 표현이 사라진 이유다. 이제 어디서나 마을버스로 2~3정거장이면 지하철에 접근이 가능하고 위성도시라도 지하철 외의 광역 교통망이 잘 발달해서 특별히 교통의 사각지대나 낙후지역은 사라졌다. 따라서 교통 편의성이 으뜸주거지의 중요 기준이지만 절대적인 기준은 아니다. 그보다 오히려 요즘에는 자연친화적인 환경이 더욱 중요해지고 있다. 강이나 천, 많은 녹지와 공원을 배후로 한다면 으뜸주거지가 될 가능성이 높다.

> **강남의 인프라 환경**
> 교통의 편의성보다는 자연환경의 인프라가 더 중요한 기준이 되고 있다. 교통 편의성의 차별화는 매우 크지 않기 때문이다.

최근 들어 주택을 고를 때 역세권이라는 말보다 '숲세권' '한강권' '녹세권'이라는 표현을 더 많이 사용하는 이유가 여기에 있다.

④ 거주민들의 높은 소득수준도 으뜸주거지를 결정짓는다

⋮

으뜸주거지로 발돋움하면 주변에 자연스럽게 소득이 높은 사람들이 많아지게 된다. 이것은 미래의 주택 가격과도 매우 밀접한 관계를 가지고 있다. 상위 지역의 주택 가격 상승률이 하위 지역에 비해 크게 높아지는 이유는 고소득자가 많을 경우 언제나 매도자 우위 시장이 형성되기 때문이다. 여기서 매도자 우위 시장이란 집을 팔려는 사람이 사려는 사람들보다 가격 결정에 더 큰 영향력을 쥐고 있는 상황을 말한다.

예를 들어 모든 이에게 경제적 상황이 나빠지는 악재가 생겨 모든 주택에 가격 하락 요인이 생겼다고 가정해보자. 하위 지역 주택에 사는 사람은 자신이 사들인 가격 이하가 되더라도 어려운 경제적 문제를 해결하기 위해 집을 팔려는 사람이 늘어난다. 쉽게 매수자 우위 시장이 조성되는 것이다. 이것은 또다시 주택 가격을 끌어내리는 요인으로 작용한다.

반면 상위 지역에 주택을 보유한 사람은 웬만한 악재에도 자신이 살고 있는 집을 내놓지 않는다. 아울러 팔려고 하더라도 자신이 사들인 가격 이하로는 절대 팔지 않는다. 똑같은 경제적 위기일지라도 체감의 정도는 모두 다르기 때문이다. 따라서 고가주택시장은 가격이 떨어지는 시기에는 매물이 사라지고 가격이 오를 여지가 생기면 바로 매도자 우위 시장이 형성되기 때문에 매수자 우위 시장은 전혀 나타나지 않게 된다. 이것을 가격의 하방경직성(수요와 공급의 법칙에 의해 가격이 떨어질 상황이 생기더라도 떨어지지 않는 것)이라고 한다. 이렇게 되면 이 지역은 새로운 진입자가 적어지게 되는데 결국은 가격이 진입 자체를 제한하는 역할을 하고 있다고 봐야 할 것이다.

강남 거주민의 높은 소득
• 가격이 하방경직성을 띠어 진입 자체를 제한하는 역할을 한다.
• 매수자 우위 시장이 잘 나타나지 않는다.

대표적인 으뜸주거지로는
여의도와 강남이 있다

지금의 강남을 대표하는 아파트인 압구정동 현대아파트와 대치동 은마아파트의 완공 시기가 1977년에서 1980년대 초인 것에 비해, 그보다 빠른 1970년대 초에 대규모의 아파트 단지가 들어선 곳은 바로 여의도다. 그러니까 여의도는 우리나라 대규모 아파트 단지의 1세대 중에서도 첫 타자라고 할 수 있다.

　1963년 당시 한강 남쪽의 서울은 영등포구가 유일했으며 이때는 아예 강남이란 것이 없었을 때다. 따라서 1970년대 중반 이후 강남 개발 전에 부자들이 모여 사는 동네라고 하면 단연 여의도를 꼽을 수 있다. 1975년에 국회의사당이 이전해오고 1979년에는 증권거래소가 여의도에 들어섰다. 따라서 이곳에 처음 살던 사람들은 박정희 군사정권 시대에 활동하던 군 고위급 장성과 군무원, 고위직 공무원, 언론인, 금융인, 국회의원 등으로 당시에 소위 권력가라고 할 수 있는 사람들이었다. 당시에는 지금처럼 전문직 고소득자가 많지 않고 각 계층의 정치권력을 쥔 사람들의 경제력이 높았기 때문에 여의도는 고위급들의 밀집 주거지가 되었다.

고립형 스타일의 으뜸주거지, 여의도

:

여의도가 부촌으로 형성된 배경은 앞서 언급한 네 가지의 강남 완성 조건과 딱 맞아떨어진다. 특히 여의도는 도시 속의 작은 섬이라는 특징 때문인지 다른 으뜸주거지에 비해 배타성이 매우 강한 지역이다. 당대에 내로라하는 힘깨나 쓴다는 사람들이 모여 살다 보니 특권의식이 강하게 형성될 수밖에 없었을 것이다. 여의도 안에 이런 고위층의 자녀들이 다닐 수 있는 학교는 초등학교 1개, 중학교 1개, 고등학교 1개가 유일했다. 지금은 윤중중학교가 있지만, 당시만 해도 여의도에 거주하는 모든 학생은 모두 여의도 초·중·고등학교를 다녔다. 그래서 여의도 출신이라고 하면 여의도 초·중·고 12년 동창이 되는 셈이다. 이런 특징은 여의도에 매우 배타적이고 고립된 문화가 형성되는 계기를 만들었다.

게다가 지금처럼 전문화된 학원들이 없던 시절, 강남이 생기기도 전에는 모든 서울대생들이 여의도로 과외를 다녔다고 보면 될 정도다. 실제로 여의도고등학교는 1970년대부터 고교평준화가 된 이후까지도 오랜 기간 전국 고교학력평가에서 줄곧 1위를 차지했다. 이것이 바로 지금까지 여의도를 서울 서부권의 으뜸주거지로 만든 요인이다.

하지만 여의도가 지금의 강남과 달리 유독 더 배타적인 속성을 지닌 커뮤니티를 형성하게 된 이유는 따로 있다. 여의도는 예나 지금이나 행정구역상으로는 영등포구 여의도동이다. 다시 말해 큰 범주에서 보면 영등포구의 생활권이란 뜻이다. 지금은 영등포구가 서울에서도 집값이 높고 중산층들이 많이 사는 동네로 변모했지만, 1970년대까지만 해도 영등포구는 주로 공장지대가 밀집해 있고 하위 소득자들이 모여 사는 곳이었다. 필자의 부모님이 터를 잡으신 곳이 바로 영등포구였고 어린 시절을 그 지역에서 보냈기 때문에 잘 알고 있다.

서민들이 주로 사는 거주지와 인접한 으뜸주거지는 폐쇄적이고 배타적인 속성을 갖게 되기 쉽다. 왕래가 자유로운데 왜 배타적이란 말인가? 바로 가격이란 장벽이 있기 때문이다. 우선 여의도는 상업시설들의 물가가 주변 지역에 비해 높아서 여의도 주민 이외에 다른 사람들이 별로 많지 않다. 높은 물가가 다른 지역에서 온 유동인구를 차단하는 셈이다. 특히 다른 으뜸주거지와 마찬가지로 주택 가격이 높아서 형성된 가격장벽은 새로운 유입인구의 여의도 진입 자체를 막고 있다고 볼 수 있다.

주변과의 배타적 속성을 지닌 또 다른 지역으로는 송도가 있다. 지금의 인천광역시 연수구에 있는 송도 국제신도시도 여의도처럼 작은 섬이다. 이곳은 인천 앞바다의 간척지에 건설되었는데 정보 통신과 멀티미디어에 특화된 산업을 집중 육성하기 위해 조성된 계획도시다. 주변보다 높은 주택 가격이나 물가로 인한 가격장벽은 타 지역의 유동인구가 송도로 유입되는 것을 차단하는 역할을 할 정도로 배타적인 성격을 띠고 있다. 이 역시 초창기 여의도처럼 공단 지역을 끼고 있기 때문이다. 송도에서 다리 하나만 건너면 나오는 공단 지역에서는 수많은 외국인 노동자들을 볼 수 있지만 송도 시내에서는 찾아보기 힘들다.

> **으뜸주거지의 배타적인 특징: 가격장벽**
> • 상업 지역의 물가가 높다(타 지역 유동인구 차단).
> • 높은 주택 가격이 새로운 주민의 진입장벽 역할을 한다.

이런 고립형 으뜸주거지는 인접한 곳과의 차별화를 통해 존재감을 드러내며 시간이 지남에 따라 배타적인 성향이 더 강해진다는 특징이 있다. 대표적인 지역별 으뜸주거지 중에서 주변과의 차별화를 시도하며 고립형 성향을 띠고 있는 곳은 여의도와 송도 이외에도 성남시 분당, 안양시 평촌, 군포시 산본 등이 있다. 이런 곳은 구도심과 새로운 신도시와의 개발 시차로 주변과 주택 가격의 격차가 크다. 따라서 주변과 다소 배타적인 성향이 존재한다.

> **고립형 으뜸주거지**
> 영등포구 여의도, 인천광역시 송도, 성남시 분당, 안양시 평촌, 군포시 산본

확장형 스타일의
으뜸주거지, 강남과 서초

:

스스로 가격장벽을 통해 고립을 선택하며 주변 지역과의 차별화를 시도하는 으뜸주거지가 있는가 하면, 주변을 제2의 으뜸주거지로 만들며 외연(범위)을 확대해가는 곳도 있다. 대표적인 곳이 바로 서울의 강남인 강남구와 서초구다. 강남과 서초는 여의도와 더불어 1세대 대단지 아파트가 들어선 곳으로, 1980년대 고도성장과 더불어 생겨난 중산층과 전문직들이 대거 몰리면서 대한민국의 대표 부자 동네가 되었다. 하지만 이곳은 구도심과 신도심으로 나뉜 '고립형 으뜸주거지'에 비해 주변 지역과의 배타적 성격이 강하지 않다. 따라서 강남을 중심으로 주변이 계속 확장되는 지금의 '확장형 으

뜸주거지'가 되었다. 강남과 서초를 둘러싼 주변은 일명 강남권(강남 주변)이라는 새로운 개념으로 불리며 으뜸주거지의 이미지를 계속 확대해가고 있다.

> **확장형 으뜸주거지 강남권역(서울 강남구와 서초구의 확장)**
> • 동서로 동작구, 송파구, 강동구(강남 바로 옆)
> • 북쪽으로 성동구, 광진구(다리만 건너면 강남)
> • 남쪽으로 과천시, 판교, 분당(강남과 연결된 신도시)

이런 현상은 1990년대 이후 수도권의 인구가 날로 증가하고, 최고라는 범주가 날로 확장되었던 트렌드와 무관하지 않다. 이와 비슷한 예로 서울대의 의미 확장을 들 수 있다. 명문대의 대명사 격인 서울대학교의 '서울'이란 이름은 그 위세를 떨치며 대한민국 학부모와 학생들 사이에서 어떻게 해서든 붙잡고 싶은 존재로 자리 잡았다. 이렇듯 서울대는 사람들에게 간절히 사랑받은 나머지 시대에 따라 범위가 계속 확대되었다.

1990년대 이전까지는 진짜 서울대에 가야만 말 그대로 서울대였다. 하지만 대학진학률이 60%를 넘어선 1990년대 이후에는 "서울 안에 있는 대학만 가도 다행이다."라고 해서 일명 '인서울대(in 서울대)'가 등장했다. 대학진학률이 80%에 육박한 2000년대에는 '서울에서 통학하는 대학'이라고 해서 '서울상대(서울에서 상당히 가까운 대학)'라는 개념까지 나왔다.

주택 가격의 서열화가
똑똑한 아파트를 만들었다

⋮

그렇다면 강남과 같은 확장형 으뜸주거지가 주택 가격에 미치는 영향은 무엇일까? 바로 주택 가격의 서열화다. 으뜸주거지란 개념이 자꾸만 확장되면서 지난 20년간 서울의 주택 가격은 매우 서열화되었고, 그 서열이 여간해서는 잘 깨지지 않았다. 다시 말해 주택의 서열화가 진행되면 주택 가격은 주택 본연의 가치 외에 주변의 주택 가격에도 영향을 받기 시작한다.

예를 들어 대학교의 입학 커트라인으로 비유하자면, '서성한대(서강대·성균관대·한양대)'의 커트라인이 오르면 자연히 '연고대(연세대·고려대)'의 커트라인이 오르고, 또 연고대의 커트라인이 오르면 서울대 커트라인 또한 올라가는 것과 같은 이치다. 이것은 통념상 대학교의 서열에는 '서울대-연고대-서성한대'라는 공식이 있기 때문에 나타나는 현상이다.

이처럼 주택도 강남을 시작으로 명확한 서열이 생겨났으므로 가장 상위에 있는 강남은 부동산 억제정책의 주요 타깃이 되어왔다. 정부 관점에서 주택 가격 상승은 강남이 올라 서초가 오르고, 서초가 올라 송파와 용산이 오르는 일종의 톱다운(top-down) 방식으로 이루어졌다고 생각되었기 때문이다. 하지만 주택 가격 상승이 반드시 톱다운 방식으로 진행되는 것은 아니다.

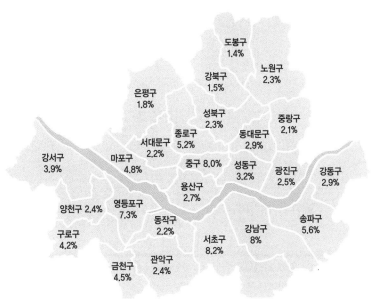

도봉구
1.4%

노원구
2.3%

강북구
1.5%

은평구
1.8%

성북구
2.3%

중랑구
2.1%

서대문구
2.2%

종로구
5.2%

동대문구
2.9%

강서구
3.9%

마포구
4.8%

중구 8.0%

성동구
3.2%

광진구
2.5%

강동구
2.9%

용산구
2.7%

양천구 2.4%

영등포구
7.3%

동작구
2.2%

송파구
5.6%

구로구
4.2%

서초구
8.2%

강남구
8%

금천구
4.5%

관악구
2.4%

자료: 통계청(2016년)

　　반대로 보텀업(bottom-up) 방식으로 주택 가격이 상승하는 경우도 있다. 이것은 서열이 가장 낮은 지역의 가격이 상승함으로써 바로 상위 지역의 가격이 오르는 과정이 도미노처럼 나타나면서 가격을 끌어올리는 현상이다. 최근 이런 현상이 생기는 가장 큰 원인은 1인 가구가 급속도로 증가하고 있기 때문이다. 자녀와 가족의 생활권에 매여 있어 이사가 자유롭지 못한 3~4인 가구와 달리, 1인 가구는 직주근접(職住近接)을 기준으로 주거지를 선택하기 때문에 집이 좁아지더라도 외곽보다 직장에 가까운 서울 중심 지역으로 주거지를 옮기려는 성향이 강하다. 이에 따라 중심지로 1인 가구의 진출이 늘어나고 1인 가구가 거주하는 소형 주택의 가격도 함께 오르면서 가격을 밑에서부터 끌어올리는 현상이 생기는 것이다.

통계청의 종업원 수 자료에 의하면 서울에 일자리가 밀집되어 있는 곳은 강남권(21.8%)과 시내 중심권(13.2%), 그리고 여의도권(12.1%)이 있다. 그러니까 수도권의 집값은 반드시 그런 건 아니지만 대체로 일자리 밀집 지역에 가까우면 서열이 높고 멀면 서열이 낮아지는 기본 구조를 가지고 있다. 그런데 1인 가구가 도심으로 계속 진입하면서 보텀업 방식의 집값 상승을 가져오는 것이다.

> **주택 서열화의 영향**
> 집값이 주변 시세에 큰 영향을 받게 되었다.
> ① 톱다운 방식의 집값 상승 또는 하락
> ② 보텀업 방식의 집값 상승 또는 하락

결국 서열화가 강해지고 양극화가 진행 중인 시장에서 똑똑한 주택을 선택한다는 것은 가능한 지역 중 가장 서열이 높은 주택을 고르는 것이다.

아파트 쏠림현상은 결국
안전욕구 때문이다

우리나라에서 어느 지역이든 쉽게 볼 수 있는 것은 대규모 아파트 단지들이다. 새롭게 개발되는 지역이 있다면 어김없이 아파트가 들어선다. 과거에는 서울에서도 다양한 주거 형태를 많이 볼 수 있었지만 이제는 신축주택으로 하나같이 아파트가 들어서는 것이다. 통계청의 인구주택총조사(2018년 자료)에 따르면 우리나라에서 일반 가구 중 아파트에 거주하는 가구 수는 1,001만 3천 가구로 전체 중에서 50.1%를 차지했다. 아파트 가구 비율이 50%를 넘어선 것이다. 이것은 관련 자료가 집계된 1975년 이후 처음이다. 단독주택에 사는 가구 수는 641만 5천 가구(32.1%), 연립·다세대주택은 231만 2천 가구(11.6%)였다. 아파트 선호현상이 계속 이어지고 있는 것이다. 이런 지나친 아파트 쏠림현상의 진짜 원인은 과연 무엇일까?

여성의 경제활동 증가와
편의성의 욕구

⋮

그동안 여성의 경제활동은 계속해서 증가해왔고 앞으로도 증가할 수밖에 없는 흐름이다. 이런 경우에는 주거 형태에 있어서 조금이라도 기시노동시간이 단축되는 편의성을 가진 주거 형태를 선호하게 된다. 단지 내에 있는 학교라든지 주변에 생활기반시설이 한 곳에 밀집해 있는 아파트는 그런 면에 높은 편의성을 갖추고 있다고 할 수 있다.

자산 증식의 욕구,
아파트는 현금화가 가장 빠른 부동산

⋮

아파트는 그동안 가장 빠른 가격 상승을 보여온 주택 형태다. 따라서 사람들이 가지는 아파트의 기본적인 자산 증식에 대한 기대감이 클 수밖에 없다. 그 이유는 여러 가지가 있지만 우선 아파트는 수요자와 공급자의 거래가 이루어지는 주택시장 규모가 가장 크다. 또한 위치나 주변환경은 물론이고 주택 평형과 구조 등에 관한 세세한 정보까지도 다른 주택에 비해 완전히 공개되어 있어서 거래가 활발히 일어난다는 장점이 있다. 아파트가 다른 주택에 비해 거래가 활발하다는 것은 결국 부동산이 갖는 단점인 유동성(현금화) 부족이란 문제를 해결할 수 있다는 뜻이다. 사실 도심 아파트는 매매가 되지 않아서 돈이 묶이는 경우가 많지 않다. 아파트는 가격이 조금만 낮아진다면 쉽게 현금화할 수 있는 주택이다.

안전욕구의 증가,
치안이 가장 좋은 주택은 아파트다

⋮

인간의 욕구를 설명한 '매슬로 욕구 5단계' 이론에 따르면 인간이 갖는 가장 기본적인 욕구는 '생리적 욕구'이고, 그다음은 '안전의 욕구'라고 규정하고 있다. 본능에 가까운 생리적 욕구가 해결된 상황에서 인간이 가지는 가장 강한 욕구는 바로 안전하길 원하는 욕구인 것이다. 현대사회에서 이런 안전욕구는 날로 증가하고 있는데 그 이유는 과거에 비해 높아진 범죄율, 사건 사고가 끊이지 않는 치안의 불확실성이 증대되고 있기 때문이다. 우리 사회는 과거에 비해서 얼마나 더 안전욕구가 늘어난 것일까?

필자는 1990년대 후반 S그룹에 입사하면서 한 달 정도 신입 연수교육을 받았다. 당시 연수교육 과정 중에는 교육생이 가정집을 방문해 전자제품을 그 자리에서 직접 세일즈해보는 독특한 체험 프로그램이 있었다. 서울의 주택가에서 마치 방문판매원처럼 전혀 알지도 못하는 집에 무작정 초인종을 누르고 들어가 물건을 판다는 것은 지금 같아서는 도저히 상상하기 어려운 일이다. 요즘 같았으면 문을 열어주지 않는 것은 당연한 일이고 집에 들어가는 것도 절대 불가능한 일이다.

그런데 당시에는 놀랍게도 초인종을 누르면 모두가 대문 밖에 나와서 이야기를 들어주고 심지어 절반 정도의 사람들은 일단 집 안으로 들어가 이야기할 수 있도록 해주었다. 심지어 아이와 엄마만 있는 집이 대부분이었는데 고생한다며 물이나 과일을 내주는 집까지 있었다. 지금 떠올려보면 어떻게 이런 일이 가능했을까 하는 생각이 들 정도다. 20년 전만 하더라도 세상은 지금과 확실히 달랐던 것 같다.

그러나 지금은 어떤가? 매스미디어를 통해 각종 범죄에 관한 뉴스들을 들으면 말문이 막힐 지경이다. 도시의 편의성은 날로 발전하고 있지만, 범죄 뉴스는 끊이질 않고 그중에서도 강력범죄, 특히 불특정 다수를 대상으로 하는 '묻지마 범죄'까지 일어나고 있다. 도시에 사는 현대인들은 타인을 대상으로 하는 각종 범죄에 대한 공포심을 갖고 살아간다. 그렇기에 요즘에는 옆집에 누가 사는지조차 알지 못하는 경우가 태반이다. 집 밖을 나가면 자기 자신이 아닌 다른 사람들 모두가 어떤 위해를 가할지 모른다는 인식이 있을 정도로 세상이 험해진 것이다. 특히 여성, 어린아이 그리고 노인들은 이런 불안감이 더 클 수밖에 없다.

이렇듯 안전성 면에서 볼 때 단독주택이나 일반주택은 생활 치안에 더 취약한 편이다. 따라서 날로 안전욕구가 커지는 상황에서 가장 적합한 주거 형태는 아파트다. 공동주택이라고 하더라도 연립주택이나 빌라와 같이 세대 수가 많지 않아 경비원이 적거나 아예 없는 환경보다 대규모 아파트 단지를 더 선호하는 현상은 어찌 보면 당연하다.

대규모 아파트 단지가 갖는 또 다른 이점 중 하나는 아이를 키우기 좋다는 데 있다. 보통 1천 세대 이상의 아파트의 경우 단지 가까이에 학교가 있으며 집에서 학교로의 접근성이 뛰어나고 오고 가는 통학로가 상대적으로 안전하다.

그렇다면 앞으로의 상황은 어떨까? 분명한 점은 도시에서의 치안과 안전욕구는 절대로 줄어들 수 없는 매우 기본적인 욕구가 되어버렸다는 것이다. 옛날 시골에서는 대문을 활짝 열어놓고 살아도 아무 일이 없었던 때도 있었다지만, 날로 험해지는 세상 속에서 사람들은 아무리 비싼 비용을 치르더라도 주거 안전에 대해서만큼은 양보하지 않을 것이다. 이런 이유 때문에 앞으로도 아파트에 대한 쏠림현상은 더욱 가속화될 것이다. 그동안 아파트 가격 상승률이 다른 주택에 비해서 현저히 높았던 이유, 그리고 앞으로도 똑똑한 주택은 아파트가 되어야 하는 이유가 바로 여기에 있다.

늘어나는 고소득 가구,
강남 입성을 노리다

박동혁 씨(43세, S전자 책임연구원)와 이정림 씨(42세, K반도체 차장)는 6살 아들 한 명을 키우는 맞벌이 부부다. 이들은 2012년 결혼하면서부터 줄곧 용인 지역에 거주했고 3년 전쯤 지금의 동탄 지역으로 아파트를 사서 이사했다. 대한민국을 대표하는 반도체 회사에서 각각 연구원과 차장으로 근무하는 부부가 처음부터 경기도 남부권에 자리를 잡은 이유는 직장 때문이다. 원래 집은 서울이었지만 직장이 기흥과 이천에 있으니 출퇴근도 용이하고, 서울에 비해 주택 가격이 저렴하다는 점도 경기도에 집을 산 이유 중 하나였다. 하지만 얼마 전부터 부부는 판교나 잠실 같은 수도권의 대표적 으뜸주거지로 이사할 계획을 세우고 있다. 첫 번째 이유는 아이가 초등학교에 입학할 시점이 다가왔기 때문이다.

"아이가 어린이집을 다니던 때만 해도 전혀 계획이 없었는데 얼마 전부터 좋은 교육환경을 위해 이사할 필요가 있겠다는 생각이 들더라고요!"

대기업에 다니는 맞벌이 직장인이라면 직장인 중에서는 꽤나 높은 소득이지만 판교나 잠실의 높은 집값을 감안하면 으뜸주거지로 입성하겠다는 그녀의 각오는 꽤나 단단해 보였다. 부부는 얼마 전부터 주말이면 판교와 잠실, 그리고 강남에 이르기까지 집을 보러 다녔는데 갑자기 고민이 추가되었다. 전세가 아니라 내친김에 집을 사서 옮기는 것에 대해 고민하기 시작한 것이다.

잠실이나 판교에 집을 사려면 지금의 주택을 팔더라도 상당히 많은 담보대출이 필요하다. 그럼에도 불구하고 심각하게 고민 중인 이유는 지난 수년간 서울 중심과 외곽의 집값이 점점 벌어지는 것을 몸소 느꼈기 때문이다. 아이 진학 때문에 이사할 결심을 했지만 결국 강남에 가는 게 두 번째 이유인 재테크 차원에서 더 유리할 것 같다는 판단을 했다. 이정림 씨는 이런 생각을 하게 된 계기로 부서의 상사이자 워킹맘 선배의 조언을 꼽았다. 서울에서 통근하지만 큰 불편함이 없고 아이가 어릴 때 부모님께 맡기기 수월했으며 좀 더 나은 교육환경 등에 만족하고 있다는 이야기를 들었다.

이와 더불어 필자는 부부가 강남으로 입성하려는 세 번째 이유가 그들의 소득이라고 생각한다. 아직은 자산이 크지 않지만 부부의 소득은 몇 년 전에 비해 비약적으로 상승했고 고소득자의 범위에 들어갔다. 부부는 본인들을 중산층 이하인 월급쟁이에 불과하다고 말하지만 높은 연봉과 한동안 이어진 반도체 분야의 활황으로 몇 년간 상여나 성과급이 매우 높았다. 부부의 2018년 원천징수영수증을 기초로 살펴본 연간소득을 살펴보면 다음과 같다.

부부의 2018년 세전 연소득 현황

이정림 차장	박동혁 책임연구원
정기소득 5,640만 원	정기소득 4,680만 원
상여금 2,760만 원	성과보너스 3,095만 원
성과급 3,230만 원	생산성보너스 1,950만 원
귀성여비 200만 원	특별보너스 500만 원
특별수당 450만 원	
세전 1억 2,280만 원	세전 1억 225만 원
부부 합산	2억 2,505만 원

작년에 세전 기준 부부의 연간소득은 직장인이라고 하기엔 믿기 힘든 수준인 2억 2,505만 원이나 된다. 물론 근로소득세로 5,165만 원을 납부해서 실수령액은 1억 7,340만 원이지만 월평균으로 보면 1,445만 원이나 된다. 소득 중에 성과급이 차지하는 비중이 높아 항상 고정된 소득은 아니지만 이 정도면 소득으로 상위 5%다. 이것이 부부로 하여금 으뜸주거지로의 진입을 생각하게 한 것이다.

강남 입성은
불가능한 일일까?

몇 년 전부터 이어진 경제성장률 둔화와 소득의 양극화라는 말은 매스미디어의 단골 뉴스가 되었지만, 상위소득 가구의 소득이 저소득층에 비해 빠르게 올라가는 모습을 보인 것은 사실이다. 산업별로 희비가 엇갈리고 기업마다 성과는 큰 차이가 있지만 소득이 높아지는 직장인과 전문직은 계속 늘고 있다.

현 정부의 소득주도 성장정책은 이런 소득의 양극화를 해소하는 데 초점이 맞춰져 있지만, 첫해는 그 취지가 무색할 정도로 1분위(하위 20%) 가구소득이 2018년 1분기 −8.0%를 시작으로 2분기 −7.6%, 3분기 −7.0%, 4분기 −17.7%를 기록했다. 이듬해 2019년 1분기에는 −2.5%로 5분기 연속 감소했다. 오히려 빈부 격차가 커진 것이다. 또 2019년 2분기에도 1분위 가구소득은 월평균 132만 5,500원으로, 1년 전에 비해 550원(0.04%) 늘어나는 데 그쳤다. 그나마도 소득이 줄지 않고 늘어난 이유는 근로나 사업소득보다 정부 지원과 같은 이전소득 때문이었다.

반면 최상위 계층인 5분위(상위 20%) 가구소득은 월평균 942만 6천 원으로 3.2% 증가했다. 이 외에 2분위, 3분위, 4분위 모두 평균소득 증가율을 웃돌았다. 결국 1분위 소득은 제자리걸음에 그친 반면 5분위 소득은 뛰면서 격차가 더욱 확대되었다.

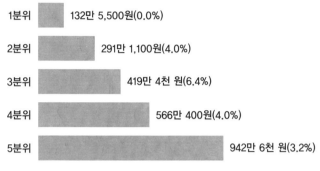

● 가구당 월평균 소득 ●

1분위	132만 5,500원(0.0%)
2분위	291만 1,100원(4.0%)
3분위	419만 4천 원(6.4%)
4분위	566만 400원(4.0%)
5분위	942만 6천 원(3.2%)

* 괄호 안은 전년 동기 대비 증가율   자료: 통계청

이 통계는 그동안 서열이 높은 주택 가격의 상승률이 서열이 낮은 주택 가격과 비교해서 왜 그렇게 높았는지를 그대로 보여주는 근거가 된다. 서열이 높은 주택을 원하는 수요층의 소득이 상대적으로 그만큼 더 올라갔다.

> **주택 가격 양극화와 소득관계**
> 5분위 가구소득과 1분위 가구소득의 격차 확대(소득의 양극화 진행)
> → 서열이 높은 지역의 가격 상승률이 높아지는 또 하나의 원인

그렇다면 현재 주택시장에서 서열이 가장 높은 '지역별 강남(으뜸주거지)'으로 진입을 원하는 사람들이 누구인지 알아보자. 우리나라의 인구수는 2012년 5천만 명을 돌파한 이래 2019년 추계로 5,170만 9,098명이다. 인구는 증가율이 줄었을 뿐 아직까지는 꾸

준히 늘고 있다. 출생률이 과거와 비교해 많이 낮아졌지만 사망률 또한 급격히 낮아지면서 매년 평균 20만 명씩 인구가 늘고 있다. 가구 수는 2,016만 8천 가구(2017년 통계청 발표)로 1인 가구의 빠른 증가로 인구 수 증가율보다 빠르게 늘어나는 상황이다. 서울과 수도권에서 평당 아파트 가격 기준 최상위로 분류되는 8개 지역의 인구를 가구 평균 인원 수인 2.56명으로 나누어 이 지역의 대략적인 가구 수를 추정해보면 약 100만 가구 정도가 되며 전체 가구 수의 5% 정도다.

주택 가격 서열 최상위 지역에 거주하는 100만 가구(전체 가구 수의 5%)
- 강남 21만 가구, 서초 17만 가구, 송파 27만 가구
- 용산 9만 가구, 양천 18만 가구, 여의도 2만 가구
- 경기도 과천시 2.2만 가구, 판교 3.4만 가구, 합계 약 100만 가구
※ 추정 가구 수 = 지역별 통계청 자료 인구 수 ÷ 2018년 평균 가구원 수 2.56명

그럼 이곳에 거주하는 가구들의 평균 소득은 얼마나 될까? 정확한 자료는 없지만 앞서 상위 20%인 403만 가구의 월평균 소득이 942만 원인 점을 감안하면 상위 5% 정도 되는 100만 가구의 월평균 소득은 그보다는 훨씬 높을 것이란 짐작이 가능하다.

물론 표준편차를 모른 채 평균만을 가지고서는 표본의 전체 상황을 알기에 한계가 있다. 942만 원이라는 것은 평균일 뿐 상위 20%인 모든 가구가 각각 942만 원을 번다는 뜻이 아니기 때문이다. 하

지만 상위 20%인 403만 가구 평균이 942만 원이면 상위 5%에 해당하는 100만 가구의 월 소득은 최소 1천만 원을 확실히 넘을 것이란 추정이 가능하다. 또 바로 밑의 상위 5~10%인 100만 가구 또한 평균 소득의 상승률을 감안했을 때 멀지 않은 시기에 월 소득 1천만 원을 넘는 가구가 될 가능성이 있다.

가구 월 소득이 1천만 원이 넘는 100만 가구와 곧 월 소득이 1천만 원을 넘을 것이 확실한 100만 가구는 어떤 사람들일까? 현재 지역별 강남에 거주하는 이들과 곧 강남 입성을 노리고 있는 대기 수요는 결국 고소득의 전문직과 맞벌이 직장인이다. 경기침체로 자

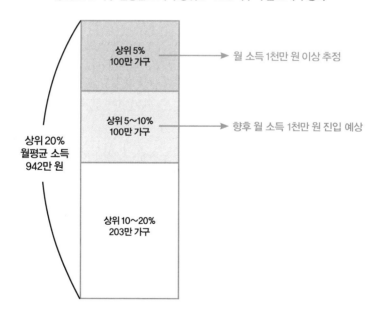

● 상위 20% 가구 월평균 소득과 상위 5~10% 가구의 월 소득 추정치 ●

영업자나 중소기업 근로자는 소득이 뒷걸음질치고 있지만 상위 20%인 400만 가구는 소득이 꾸준히 늘고 있다. 따라서 강남으로 일컬어지는 지역별 으뜸주거지가 수용 가능한 가구 수는 고작 100만 가구다. 결국 이들의 비약적인 소득 상승 때문에 상위 지역 집값 상승률이 계속해서 높아지는 것이다.

2008년 글로벌 금융위기 이전 한국의 경제성장률은 4~5%대를 유지했다. 이것은 어떤 사업을 하더라도 평균적으로 그만큼의 성장이 가능했다는 이야기다. 이 시기에 대출금리가 4%였는데도 이처럼 높은 이자를 내고도 장사를 하면 돈이 되는 경기 상황이었다는 뜻이다. 그래서 2000년대 초반 이전까지는 대한민국에서 고소득자라고 하면 소수의 전문직(의사, 변호사, 회계사 등) 외에 직장인보다 단연 사업을 하는 자영업자나 중소기업을 운영하는 사람들이 대부분이었다. 하지만 2008년 이후 장기적인 경제침체가 시작되면서 많은 자영업자와 사업을 하는 기업인들이 고소득자에서 이탈했다. 반면 대기업과 같이 연 소득이 높은 직장을 다니는 사람, 또 연 소득이 높으면서 맞벌이를 하는 사람들이 고소득자의 반열에 빠르게 진입하게 되었다.

이것은 2008년 이후 지방과 서울, 그리고 서울 안에서도 상위 지역과 하위 지역의 아파트 가격을 양극화하는 데 큰 영향을 끼치게 된다. 과거 고소득자 중 많은 비중을 차지하던 자영업자와 중소기업인은 꼭 도심에 거주해야만 하는 것이 아니었다. 하지만 전문직과 맞벌이 직장인들은 도심형 주거를 강력히 선호하는 특징이 있다. 이러한 트렌드는 단기간에 변화되거나 달라질 상황이 아니다. 결국 이런 이유로 상위 서열 주택 가격의 상승률이 높아지는 결과로 이어지고 있다.

고소득자의 직업군 변화가 주택시장에 주는 영향

	2008년 이전	2008년 이후
고소득자 직군:	사업가	→ 전문직과 대기업 맞벌이
고소득자 주거:	도심 선호 보통	→ 도심 선호 매우 강함

12·16 부동산대책 핵심 내용
(주택시장 안정화 방안)

1. 투기적 대출수요 규제 강화

(1) 투기지역·투기과열지구 주택담보대출 관리 강화

① 시가 9억 원 초과 주택에 대한 담보대출 LTV(담보인정비율) 추가 강화

● **현행** | 투기지역·투기과열지구 주택담보대출 LTV 40% 적용 중

● **개선** | 가계·개인사업자·법인 등 모든 차주*의 투기지역·투기과열
지구 주택담보대출에 대하여 시가 9억 원 기준으로 주택가격 구간
별 LTV 규제비율 차등 적용(역진율 구조)

  * 전 금융권 가계대출, 주택임대업·매매업 개인사업자 및 법인 대출 대상 적용

현 행	개 선	
•주택가격 구간 없이 LTV 40% 적용	**주택가격 구간**	**대상**
	[구간①] 9억 원 이하분	•LTV 40% 적용
	[구간②] 9억 원 초과분	•LTV 20% 적용

> **투기지역·투기과열지구 주택가격 14억 원 주택 매입 시 주택담보대출 한도**
> - (현행) 14억 원 × 40% = 5.6억 원
> - (개선) 9억 원 × 40% + 5억 원 × 20% = 4.6억 원

② 초고가 아파트(시가 15억 원 초과)에 대한 주택구입용 주담대 금지

● **현행** | 투기지역·투기과열지구에서는 다주택세대에 대하여 대출 금지, 1주택세대 및 무주택세대에 대하여 LTV 40% 규제 적용 중

● **개선** | 가계·개인사업자·법인 등 모든 차주*에 대하여 투기지역· 투기과열지구의 초고가 아파트(시가 15억 원 초과)를 담보로 한 주택 구입용 주택담보대출을 금지

　* 전 금융권 가계대출, 주택임대업 매매업 개인사업자 및 법인 대출 대상 적용

> 재개발·재건축 조합원이 1주택세대로서 사업추진(조합설립인가) 전까지 일정기간 (1년 이상) 실거주한 경우 등 불가피한 사유가 인정될 때 예외 허용

③ DSR*(Debt Service Ratio, 총부채원리금상환비율) 관리 강화

　* Debt Service Ratio = 모든 가계대출 원리금상환액 / 연간소득

● **현행** | 평균 DSR은 업권별 평균 목표 이내로 각 금융회사별 관리

　* 예시: 각 시중은행은 DSR 시행 이후 신규취급한 가계대출 평균 DSR을 40% 내로 관리
　→ 개별 대출의 DSR이 40%를 초과해도 대출취급 가능

● **개선** | 투기지역 투기과열지구의 시가 9억원 초과 주택에 대한 담 보대출 차주에 대해서는 차주 단위로 DSR규제 적용*

　* DSR 한도 : [은행권] 40% [비은행권] 60%(단계적으로 '21년 말까지 40%로 하향조정)

④ 주택담보대출의 실수요 요건 강화

● **현행** | 규제지역 내 1주택세대는 2년 내 기존 주택을 처분하는 조건으로, 무주택세대는 고가주택(공시가격 9억 원 초과)을 구입하는 경우에 2년 내 전입하는 것을 조건으로, 주택담보대출 가능

● **개선** | 고가주택 기준을 공시가격 9억 원에서 시가 9억 원으로 변경하고, 투기지역·투기과열지구에서는 1주택세대의 주택 구입, 무주택세대의 고가주택 구입에 대하여 1년 내 전입 및 처분 의무 부여

　　＊ [1주택세대] 2년 내 기존주택 처분 → 1년 내 처분 및 전입
　　　 [9억 원 초과 주택 구입 무주택세대] 2년 내 전입 → 1년 내 전입

⑤ 주택 구입목적 사업자대출에 대한 관리 강화

● **현행** | 주택임대업·주택매매업 이외 업종 영위 사업자에 대하여 투기지역 내에서 주택 구입목적 주택담보대출 취급 금지

● **개선** | 투기지역뿐만 아니라 투기과열지구까지 적용범위 확대

⑥ 주택임대업 개인사업자에 대한 RTI 강화

● **현행** | 주택임대업 개인사업자대출에 대하여 RTI* 적용 중(1.25배 이상)

> RTI (Rent to Interest, 임대업 이자상환비율) =
> $$\frac{\text{연간 임대소득}}{\text{(해당 임대업 대출의 연간이자비용 + 해당 임대물건에 대한 기존 대출의 연간이자비용)}}$$
>
> • 적용범위: 부동산임대업 개인사업자대출
> • 주택임대업 개인사업자대출 규제 기준: 1.25배 이상

● **개선** | 투기지역 투기과열지구 주택임대업 개인사업자대출 RTI 기준을 1.5배 이상으로 강화

> **적용시기: 행정지도 시행* 이후 신규대출 신청분**부터 적용**
> * 시행시기: [초고가주택 주택구입용 주담대 금지] 12.17 시행
>   [여타 과제] 전산개발 및 준비를 거쳐 12.23 시행
> ** 다만 행정지도 시행 이전에 주택매매계약을 체결하고 계약금을 이미 납부한 사실을 증명한 차주, 대출 신청접수를 완료한 차주 등에 대해서는 종전규정 적용

> **새마을금고 등 상호금융권 주택담보대출 모니터링 및 관리감독 강화**
> • 상호금융정책협의회(금융위, 행안부, 기재부 등) 등을 통해 새마을금고 등 상호금융권의 주택담보대출 현황에 대한 모니터링 및 관리감독 강화

(2) 전세대출을 이용한 갭투자 방지

① 사적보증의 전세대출보증 규제를 공적보증 수준으로 강화

● **현행** | 전세대출 차주가 시가 9억 원 초과 주택 구입 보유 시 전세대출에 대한 공적보증(주택금융공사 HUG 보증)은 제한되나, 사적 전세대출 보증(서울보증보험)의 경우에는 제한되지 않음

● **개선** | 서울보증보험도 시가 9억 원 초과 주택 구입 보유 차주에 대한 전세대출 보증을 제한할 수 있도록 협조 요청

② 전세자금대출 후 신규주택 매입 제한

● **현행** | 금융회사는 전세대출 취급·만기 시 차주의 주택 보유 수를 확인하여 2주택 이상 보유 시 전세대출 보증 만기연장 제한

● **개선** | 차주가 전세대출 받은 후 시가 9억 원 초과 주택을 매입하거나 2주택 이상 보유할 경우 전세대출 회수

  * 다만 불가피한 전세수요로 전세대출 필요시에는 보증 유지

● **적용시기** | 보증기관 내규개정 시행일 이후 전세대출 신규 실행 분부터 적용

대출규제 우회·회피 사례 등을 예의주시하여 필요시 규제 보완

• '17년 8·2 대책, '18년 9·13 대책, '19년 10·1 보완방안 등을 통해 가계·개인사업자·법인의 대출 사각지대를 지속적으로 해소하였음
• 주택담보대출 추이와 대출규제 우회·회피 사례 등을 예의주시하면서, 필요시 규제 보완·강화 장치 마련

---

2. 주택 보유부담 강화 및 양도소득세 제도 보완

(1) 공정과세 원칙에 부합하는 주택 보유부담 강화

① 종합부동산세 세율 상향조정

● 종합부동산세 세율을 인상(일반 0.1~0.3%p, 3주택 이상 및 조정대상지역 2주택 0.2~0.8%p)하여 주택 보유에 대한 과세형평 제고

과표 (대상)	일반			3주택 이상 + 조정대상지역 2주택		
	현행	개정		현행	개정	
3억 원 이하 (1주택 17.6억 원 이하 다주택 13.3억 원 이하)	0.5%	0.6%	+0.1%p	0.6%	0.8%	+0.2%p
3억~6억 원 (1주택 17.6~22.4억 원 다주택 13.3~18.1억 원)	0.7%	0.8%	+0.1%p	0.9%	1.2%	+0.3%p
6억~12억 원 (1주택 22.4~31.9억 원 다주택 18.1~27.6억 원)	1.0%	1.2%	+0.2%p	1.3%	1.6%	+0.3%p
12억~50억 원 (1주택 31.9~92.2억 원 다주택 27.6~87.9억 원)	1.4%	1.6%	+0.2%p	1.8%	2.0%	+0.2%p
50억~94억 원 (1주택 92.2~162.1억 원 다주택 87.9~157.8억 원)	2.0%	2.2%	+0.2%p	2.5%	3.0%	+0.5%p
94억 원 초과 (1주택 162.1억 원 초과 다주택 157.8억 원 초과)	2.7%	3.0%	+0.3%p	3.2%	4.0%	+0.8%p

* 공시가격 현실화율 70%, 공정시장가액비율 90%를 적용했을 경우

② 조정대상지역 2주택자 종합부동산세 세부담상한 상향조정

● 조정대상지역 2주택자 세부담 상한을 200% → 300%로 확대

현행			개정안		
일반	조정지역 2주택	3주택 이상	일반	조정지역 2주택	3주택 이상
150%	200%	300%	150%	300%	300%

③ 종합부동산세 1주택 보유 고령자 세액공제율 및 합산공제율 확대

● 1세대 1주택 보유 고령자의 세액공제율과 고령자 공제와 장기보유

공제의 합산공제율의 상한을 높여 실수요 1주택자 부담 경감

현행				개정안			
고령자		장기보유		고령자		고령자	
연령	공제율	보유기간	공제율	연령	공제율	보유기간	공제율
60~65세	10%	5~10년	20%	60~65세	20%	5~10년	20%
65~70세	20%	10~15년	40%	65~70세	30%	10~15년	40%
70세 이상	30%	15년 이상	50%	70세 이상	40%	15년 이상	50%
공제한도: 고령자＋장기보유 합계 70%				공제한도: 고령자＋장기보유 합계 80%			

* 전액 부동산교부세로 지방에 배분되는 종부세의 증가분을 서민주거복지 재원으로 적
극 활용하는 시행방안 검토 중

● **적용시기** │ 법 개정 후 ’20년 납부 분부터 적용(①~③)

(2) 실수요자 중심의 양도소득세 제도 보완

① 1세대 1주택자 장기보유특별공제에 거주기간 요건 추가

● **현행** │ 1세대 1주택자(실거래가 9억 원 초과*)는 거주기간과 상관없이

보유기간 기준으로 최대 80% 장기보유특별공제 적용

* 실거래가 9억 원 이하의 1세대 1주택자는 보유기간·거주기간 등 요건 충족 시 비과세

보유기간	3~4년	4~5년	5~6년	6~7년	7~8년	8~9년	9~10년	10년 이상
1주택	24%	32%	40%	48%	56%	64%	72%	80%
다주택	6%	8%	10%	12%	14%	16%	18%	20~30%*

* 다주택자는 15년 이상 보유 시 최대 30% 공제 가능

● **개선** | 1세대 1주택자(실거래가 9억 원 초과)에 대한 장기보유특별공제

율 최대 80%(10년)를 유지하되, 거주기간을 요건으로 추가

보유기간		3~4년	4~5년	5~6년	6~7년	7~8년	8~9년	9~10년	10년 이상
1주택	합계	24%	32%	40%	48%	56%	64%	72%	80%
	보유	12%	16%	20%	24%	28%	32%	36%	40%
	거주	12%	16%	20%	24%	28%	32%	36%	40%
다주택		6%	8%	10%	12%	14%	16%	18%	20~30%*

* 다주택자는 기존과 동일하게 15년 이상 보유 시 최대 30% 공제 가능

● **적용시기** | 법 개정 후 '21.1.1 양도 분부터 적용

② **2년 이상 거주자에 한해 1세대 1주택자 장기보유특별공제 적용**

● '18년 9·13 대책에 따라, 양도하는 주택에 2년 이상 거주한 경우에

만 1주택자 장기보유특별공제(최대 80%) 적용('20.1.1 시행)

③ **조정대상지역 일시적 2주택자 전입요건 추가 및 중복보유 허용기**

한 단축

● **현행** | 조정대상지역 내 일시적 2주택자는 신규 주택 취득일부터

2년 이내 기존 주택 양도 시 1주택으로 보아 비과세 혜택

＊ 일반지역인 경우 일시적 2주택자 요건은 3년 이내 양도

● **개선** | 신규 주택 취득일부터 1년 이내에 해당 주택으로 전입하고,

1년 이내에 기존 주택을 양도하는 경우에 한해 비과세 혜택

＊ 단, 신규 주택에 기존임차인이 있는 경우전입의무기간을 임대차계약 종료 시(최대 2년)
까지 연장

● **적용시기** | 12.17(대책 발표일 다음 날)부터 새로 취득하는 주택에 적용,

대책발표 전 매매계약 체결 + 계약금 지불한 경우 종전규정 적용

④ **등록 임대주택에 대한 양도소득세 비과세 요건에 거주요건 추가**

● **현행** | 조정대상지역 내 1세대 1주택은 보유기간과 거주기간이 2년

이상인 경우 9억 원까지 비과세 혜택을 받을 수 있으나, 소득세법

과 민간임대주택법에 따른 임대사업자등록을 한 경우 거주기간의

제한을 받지 않고 비과세 혜택을 받을 수 있음＊

＊ 임대등록한 주택은 1주택자라도 양도소득세 비과세 거주요건(2년)을 적용하지 않아 주
택 매입 후 임대등록하면 거주하지 않아도 양도소득세 비과세되는 문제(비등록 1주택자
와 형평성 문제)

● **개선** | 조정대상지역 내 등록 임대주택도 거주요건 2년을 충족하

여야 1세대 1주택 비과세 혜택

● **적용시기** | 12.17(대책 발표일 다음 날)부터 새로 임대 등록하는 주택에

적용

⑤ 조정대상지역 다주택자 양도소득세 중과 시 주택 수에 분양권도
포함

● **현행** │ 9·13 대책에 따라, 대출, 청약 시에는 분양권도 주택 수에
포함하고 있으나, 세제상 다주택자 여부 판단 시에는 주택 수에 미
포함

　＊ 조합원입주권은 대출, 청약, 세제상 모두 주택 수에 포함

● **개선** │ 다주택자가 조정대상지역 내 주택 양도 시 양도소득세 중과
를 위한 주택 수 계산에 분양권 포함

● **적용시기** │ 법 개정 후 '21.1.1 양도 분부터 적용

⑥ 2년 미만 보유 주택에 대한 양도소득세율 인상

● **현행** │ 주택 외 부동산은 보유기간 1년 미만 50%, 1~2년 40%, 2년
이상 기본세율(6~42%)을 적용하고 있으나, 주택(조합원 입주권 포함)은
보유기간 1년 미만 40%, 1년 이상 기본세율(다주택자가 조정대상지역 내
주택 매각 시 10~20%p 중과) 적용

● **개선** │ 2년 미만 보유 주택에 대한 양도소득세율 인상(1년 미만: 40%
→ 50%, 1~2년 기본세율 → 40%)

　＊ 주택의 보유기간별 세율을 다른 부동산과 동일하게 적용

● **적용시기** │ 법 개정 후 '21.1.1 양도 분부터 적용

구분		주택 외 부동산	주택·조합원입주권	
			현행	개선
보유 기간	1년 미만	50%	40%	50%
	2년 미만	40%	기본세율	40%
	2년 이상	기본세율	기본세율	기본세율

⑦ 조정대상지역 내 다주택자 양도소득세 중과 한시적 배제

● **현행** | 다주택자가 조정대상지역 내 주택 양도 시 양도소득세 중과 (2주택자 10%p, 3주택자 20%p) 및 장기보유특별공제 적용 배제

● **개선** | 다주택자가 조정대상지역 내 10년 이상 보유한 주택을 양도하는 경우 한시적 양도소득세 중과 배제 및 장기보유특별공제 적용

● **적용시기** | 12.17(대책 발표일 다음 날)부터 '20.6월 말까지 양도하는 주택에 적용

3. 투명하고 공정한 거래 질서 확립

(1) 민간택지 분양가 상한제 적용지역 확대

● **현행** | 서울 27개 동을 상한제 지역으로 기 지정(11.6 발표, 11.8 발효)

● **개선** | 집값 상승을 선도한 서울 13개구 전 지역 및 경기 3개시(과천·하남·광명) 13개동과 정비사업 이슈 등이 있는 서울 5개구 37개동 추가 지정 [집값 상승 선도지역] 서울 집값 상승 선도 13개구*(서울 평균 or 수도권 평균 1.5배 상회) 전 지역 및 과천·광명·하남 13개동 지정

[정비사업 등 이슈지역] 주요 정비사업 이슈 등이 있는 구(區) 중 시장 영향력이 상대적으로 큰 5개구(강서·노원·동대문·성북·은평) 37개동 지정

* '19.7월 이후 선도지역: 강남·서초·송파·강동·영등포·마포·성동·동작·양천·용산·서대문·중구·광진(13개구, 노원·금천·동대문은 상대적으로 시장 영향력이 낮아 제외)

● **적용시기** | 12.17자로 지정 및 효력 발생

구분	집값 상승 선도 지역		정비사업 이슈
	서울 평균 초과 (주택 종합 or APT)	수도권 1.5배 초과 (주택 종합 or APT)	
지역	강남, 서초, 송파, 강동, 영등포, 마포, 성동, 동작, 양천, 용산, 서대문, 중구, 광진, 과천, 광명, 하남		강서, 노원, 동대문, 성북, 은평

구분			지정
집값 상승 선도지역	서 울		강남, 서초, 송파, 강동, 영등포, 마포, 성동, 동작, 양천, 용산, 중구, 광진, 서대문
	경 기	광명(4개동)	광명, 소하, 철산, 하안
		하남(4개동)	창우, 신장, 덕풍, 풍산
		과천(5개동)	별양, 부림, 원문, 주암, 중앙
정비 사업 등 이슈지역	서 울	강서(5개동)	방화, 공항, 마곡, 등촌, 화곡
		노원(4개동)	상계, 월계, 중계, 하계
		동대문(8개동)	이문, 휘경, 제기, 용두, 청량리, 답십리, 회기, 전농
		성북(13개동)	성북, 정릉, 장위, 돈암, 길음, 동소문동2·3가, 보문동1가, 안암동3가, 동선동4가, 삼선동1·2·3가
		은평(7개동)	불광, 갈현, 수색, 신사, 증산, 대조, 역촌

(2) 시장 거래 질서 조사체계 강화

① 고가주택에 대한 자금출처 전수 분석 및 법인 탈루혐의 정밀검증

● **내용** │ 자금조달계획서 등을 활용하여 고가주택의 자금출처를 국

세청이 전수 분석하고 탈세혐의자는 예외 없이 세무조사, 다주택

자에 대한 조세부담 회피를 위해 설립한 부동산업 법인의 탈루혐

의에 대해 국세청 정밀 검증

  * 9·13 대책 이후 조세부담 회피 등을 위한 부동산업 법인 설립이 급증함에 따라 성실신
    고 여부 검증 필요('17년 7,282건 → '18년 7,332건 → '19년 1만 245건 / 매년 1~9월 기준)

② 실거래 조사 및 정비사업 합동점검 상시화

● **현행** │ 실거래 관계기관 합동조사 1차 결과 기 발표(11.28)

  * 8~9월 신고된 28,140건 중 이상거래(2,228건, 전체의 약 8%) 추출 ⇒ 계약완료된
    1,536건 조사
    ⇒ 1) 탈세의심 532건 국세청 통보, 2)대출규정 미준수 23건 금융위 등 통보
  * 10월 신고내역(1.7만 건) 등에 대해 고강도 집중 조사 지속하여 내년 초 2차 조사결과 발
    표예정

● **개선** │ 국토부·감정원에 상설조사팀을 신설하고, 국토부 조사팀에

부동산 조사 전담 특사경 인력을 증원(현 6명) 배치하여 불법행위 단

속('20.2월)

  * [국토부] 국세청·금융위·금감원·감정원 파견포함 10~15명 내외로 팀 구성(특사경 인력
    증원 추진)
  * [감정원] 전담인력 10명(본사, 신규)과 기존인력 30명(지사) 등 총 40명으로 구성

● 상설조사팀은 부동산 분야 전담 조사기구로서 불법행위* 수사 등

사법적 조치, 실거래 직권 조사, 관계기관(지자체 등) 수사공조 실시

* (수사대상 주요 불법행위) 불법전매, 청약통장 거래, 무자격·무등록 중개 등

– 실거래 합동조사는 상설조사팀 구성 시(20.2.21)까지 연장

● 정비사업에 대한 합동점검을 상시화하여, 수주경쟁과열에 따른 분양가 보장, 임대주택 매각 등 위법·시장 교란행위 엄중 조치

고가주택에 대한 자금출처 전수분석과 특사경 인력배치 및 증원 추진 등을 통한 상설조사로 주택거래허가와 유사한 효과가 나올 수 있도록 거래를 엄격히 점검

③ 자금조달계획서 제출대상 확대 및 신고항목 구체화

● **현행** | 자금조달계획서 제출대상이 투기과열지구 내 3억 원 이상 주택 취득 시로 제한되어 있어, 과열우려가 있는 조정대상지역 및 비규제지역 투기적 수요 조사에는 한계가 있고, 신고 항목의 구체성도 부족

● **개선** | 자금조달계획서 제출대상을 투기과열지구·조정대상지역 3억 원 이상 주택 및 비규제지역 6억원 이상 주택 취득 시로 확대 (시행령) 위법 가능성이 높은 항목 구체화 및 지급수단 기재 추가*(시행규칙), 실거래 조사 시 자금조달 확인서 징구 신설(훈령) 등

* ① 증여·상속, 기타 차입금의 자금 제공자 관계, ② 현금 등 기타 항목 자산 종류, ③ 계좌이체·현금지급 등 자금 지급수단 기재 추가, ④ 주담대와 신용대출 구분 등

● **적용시기** | 부동산거래신고법 시행령 등 개정 후 즉시 시행(20.3월)

④ 자금조달계획서 증빙자료 제출

● **현행** | 실거래 신고 시 객관적인 자금조달 증빙자료가 부재하여 매

매거래가 완결된 거래건만 소명자료를 받아 조사 중, 비정상 자금

조달 등 이상거래 신속 대응과 선제적 조사가 곤란

● **개선** | 투기과열지구 9억 원 초과 주택 실거래 신고 시 자금조달 계

획서와 함께 신고 관련 객관적 증빙자료를 제출토록 함*

  * (예시) ① 자기자금(소득금액증명원 등), ② 현금·금융기관 예금액(증빙가능 예·적금 잔고
    등), ③ 임대보증금(전세계약서 등), ④ 거래 가능 여부 확인(분양권 전매제한 예외 증빙 서
    류 등)

  증빙자료를 확인하여 이상거래 의심 시* 실거래 상설조사팀 조사

  즉시 착수 → 과태료 부과·관계기관 통보 등 조치

  * (의심사례 예시) ① 소득금액이 없는 미성년자가 증여신고 없이 자기자금 과다 보유
    ② 소득금액이 크지 않은 20대가 현금·금융기관 예금액 등 자기자금 과다 보유
    ③ 대출 규제 초과하는 '임대보증금 포함 주택' 매수자가 주택담보대출 실행

● **적용시기** | 부동산거래신고법 시행령 개정 후 즉시 시행(20.3월)

(3) 공정한 청약 질서 확립

① 공급질서 교란, 불법 전매 시 청약제한 강화

● **현행** | 공급질서 교란행위 적발 시에는 일정 기간(3~10년) 청약을 금

지하고 있으나, 불법 전매에 대해서는 청약금지 규정이 없는 상황

  * 공급질서교란행위, 불법전매 모두 3년 이하의 징역, 3천만 원 이하의 벌금

● **개선** | 공급질서 교란행위 및 불법전매 적발 시 주택 유형에 관계

없이 10년간 청약 금지

● 불법행위시 청약 금지 기간 ●

	공급질서 교란행위			불법전매
	공공주택지구	투기과열지구	기타	
현행	10년	5년	3년	無
개선	10년	10년	10년	10년

● **적용시기** | 공급질서 교란행위자에 대한 청약금지 기간 강화는 주택공급에 관한 규칙 개정 후 즉시 시행('20.3월), 불법전매는 주택법 및 주택공급에 관한 규칙 개정 후 시행

② **청약당첨 요건 강화**

● **현행** | 청약당첨을 노린 일부 지역 전세시장 과열 해소 필요

투기과열지구와 수도권 주요지역은 해당지역(특별·광역시, 시·군) 일정기간(보통 1년) 이상 거주자에게 우선 공급

＊1년 거주요건 필요 지역: 서울(전체), 과천, 광명, 하남, 성남, 수원, 안양, 의왕, 고양, 시흥, 오산, 안성

수도권 대규모 신도시(66만㎡ 이상) 내 분양물량의 50%는 해당 지역(시·도), 50%는 수도권에서 당첨자 선정

＊경기도의 경우 해당 시에서 30%, 경기도에서 20%, 수도권 전체에서 50% 선정

● **개선** | 관계 지자체와 협의하여, 투기과열지구, 대규모 신도시(66만㎡ 이상)의 거주기간 강화(1년 이상→2년 이상, 협의 후 즉시 시행)

③ 청약 재당첨 제한 강화

- **현행** | 현재 분양가 상한제 적용 주택, 조정대상지역·투기과열지구 당첨자 등은 지역 및 주택 평형에 따라 1~5년의 재당첨 제한 적용

- **개선** | 분양가 상한제 주택, 투기과열지구 당첨시 10년, 조정대상지역 당첨 시 7년간 재당첨 제한 적용

● 청약 재당첨 제한 규제 ●

		재당첨 제한 대상자	재당첨 제한 주택
적용 대상		• 분양가 상한제 적용주택 • 투기과열지구, 조정대상지역 주택 • 조정대상지역 공급 주택 • 분양전환 공공임대 • 이전기관 특공 주택 등 당첨자	• 공공분양주택 • 분양전환 공공임대 • 투기과열지구 공급 주택 • 조정대상지역 공급 주택
기간	현행	• 수도권 과밀억제권역 내 85㎡ 이하 당첨 5년, 85㎡ 초과 3년 • 수도권 과밀억제권역 외 85㎡ 이하 당첨 3년, 85㎡ 초과 1년	
	개선	• 현행＋ • 분양가 상한제 주택, 투기과열지구 당첨 10년, 조정대상지역 당첨 7년(평형무관)	

- **적용시기** | 주택공급에 관한 규칙 개정 후 즉시 시행('20.3월)

(4) 임대등록 제도 보완

① 임대등록 시 취득세·재산세 혜택 축소

- **현행** | 종합부동산세·양도소득세·임대소득세의 경우 수도권 공시

가격 6억 원(지방 3억 원) 이하 주택에만 혜택을 부여하나, 취득세·재산세는 면적 기준만 존재하고, 가액기준이 없음

● **개선** | 취득세·재산세도 가액기준을 추가(예: 수도권 공시가격 6억 원 등)하여 세제혜택 제한

● **적용시기** | 법 개정 후 새로 임대 등록하는 주택부터 적용

② 등록 임대사업자 의무 위반사례에 대한 합동점검 추진

● **현황** | '94년 임대등록제도 도입 이후 과거 지자체에서 수기 관리 해오던 등록정보 현행화가 미흡하여, 사업자의 공적의무 점검이 제한적

　　* 최근 4년간('15~18) 의무 위반자에 대한 과태료 부과 건수는 총 1,394건이며, 등록정보 현행화 등으로 매년 의무위반 적발 건이 증가하는 추세
　　* 종합부동산세 합산배제 요건 적정여부를 검증하여 '17~19년 707명 23억 원 추징

● **개선** | 등록정보 정비를 연내 완료하고, 사업자의 의무 위반사례에 대한 관계기관 합동점검 추진

　　* 관계기관 간(국토부·지자체 등) 합동점검 T/F를 구성한 후, 시스템(렌트홈 등) 간 연계 분석 등을 통해 위반자 적발(과태료 부과·세제혜택 환수)

● **적용시기** | 관계기관 합동점검('20. 상반기)

③ 등록 임대사업자 책임강화를 위한 등록요건 강화

● **현행** | 규정 상 부도사업자 외 등록 제한 규정이 없어, 위반 시 처벌이 제한적인 미성년자*와 위반으로 등록 말소된 자도 등록 가능

　　* 형법 또는 질서위반행위규제법에는 책임연령 개념을 적용하고 있어, 미성년자의 위반

- **개선** | 등록 사업자의 책임강화를 위해 미성년자 등록을 제한하고, 위반으로 등록 말소된 자는 2년 이내 등록 제한 등 등록요건 강화
- **적용시기** | 민간임대주택 특별법 등 개정 후 즉시 시행

④ 임차인 보증금 피해방지를 위한 사업자 의무 강화

- **현황** | 최근 다주택 사업자 중 임대차계약 만료를 앞두고 보증금 반환을 거부하고 잠적하는 사례가 존재하나, 사업자 제재방안 미비
- **개선** | 사업자의 보증금 미반환으로 피해 발생 시 등록말소 후 세제혜택 환수, 선순위 보증금 등 권리관계 설명의무* 범위 확대

  * 임대차계약 시 등록 사업자의 세금 체납여부와 다가구주택 등은 전입세대 및 선순위 보증금 현황 등을 사업자의 설명 대상 범위에 추가

- **적용시기** | 민간임대주택 특별법 등 개정 후 즉시 시행

유용한 부동산 관련 사이트

● **아파트투유(apt2you.com)**

인터넷 주택 청약이 가능한 사이트. 아파트, 주상복합, 도시형 생활주택, 오피스텔 등의 매물 정보와 미분양 시세를 제공한다. 청약 경쟁률 및 청약가점 계산도 가능하다.

● **국토교통부 실거래가 공개시스템(rt.molit.go.kr)**

아파트, 연립주택, 단독주택, 오피스텔, 분양권, 토지 등의 실거래가를 조회할 수 있다.

● **KB부동산 리브온(onland.kbstar.com)**

각종 매물, 아파트 시세, 부동산 금융상담, 분양, 청약 등의 정보를 제공한다.

- **씨:리얼**(seereal.lh.or.kr)

  한국토지주택공사에서 운영하는 부동산 정보 포털사이트다.

- **토지이용규제정보서비스**(luris.molit.go.kr)

  토지이용계획확인원 열람 및 발급이 가능한 사이트다.

- **일사편리**(kras.go.kr:444)

  종합증명서 열람 및 발급이 가능한 사이트다. 각종 민원 신청, 증

  명서 열람, 발급 등을 안내해준다.

- **KOSIS 국가통계포털**(kosis.kr)

  인구, 물가, 소득, 경제 활동, 산업 분류, 자살, 사망 원인, 출산율,

  실업률, GDP, 다문화, 사교육 등의 통계를 제공한다.

- **민원24**(www.gov.kr)

  건축물대장, 토지대장, 지적도, 주민등록등본 및 초본을 받을 수

  있는 사이트다.

- **한국감정원 부동산통계정보**(www.r-one.co.kr)

  한국감정원에서 운영하는 사이트로, 각종 부동산 통계와 부동산

  정책을 한눈에 볼 수 있다.

● **대한민국 법원 인터넷등기소**(www.iros.go.kr)

부동산 등기부등본의 열람 및 발급을 지원해준다.

● **위택스**(wetax.go.kr)

부동산 세금 계산 및 체납 확인, 납부가 가능하다.

● **호갱노노**(hogangnono.com)

부동산 알림 서비스로, 10년간 실거래가, 시세, 리뷰, 전국 학군
정보 등을 얻을 수 있다.

● **조이스랜드 부동산**(maemul.joinsland.joins.com)

'전세비율 높은 아파트' '조회수 많은 아파트' '2년 미만 입주 아파
트' '상승률이 높은 아파트' '오래된 아파트' 등을 살펴볼 수 있다.

● **정보공개포털**(www.open.go.kr)

공공기관이 보유한 정보를 투명하게 열람할 수 있다.

● **밸류맵**(www.valueupmap.com)

토지, 단독주택, 다세대·다가구 주택, 빌딩, 공장, 상가 등 다양한
부동산 실거래가와 정확한 위치 정보를 제공한다.

똑똑한 아파트 한 채는
투기가 아니다

요즘 부동산시장을 바라보는 사람들의 시선은 곱지 않다. 최근 불거진 주택 가격 폭등 때문에 집 없는 사람들은 상대적인 박탈감과 불만을 토로하고 있고, 집이 있는 사람들은 실제로 거주하는 1주택에 대해 지나치게 높아진 세금으로 불만이 쌓이고 있다. 과격해 보이기까지 하는 부동산 정책 탓으로 비싼 집을 가지고만 있으면 마치 투기꾼이라는 사회적 인식이 생기는 것은 아닐지 걱정스러울 정도다. 하지만 분명한 것은 똑똑한 아파트 한 채를 가지려는 것은 절대 투기가 아니라는 사실이다.

투기란 투자에 비해 생산적인 활동은 아니라고 여겨진다. 생산적인 효과가 아예 없다고 볼 수는 없지만 단기간에 매매차익을 보고 움직이는 자본은 투자에 비해 생산이나 소비 등 경제 전반에 기여하는 바가 크지 않다. 그렇다고 자본주의 체제에서 투기를 무조건 범죄행위로 보는 것도 옳지 않다. 수익이 나는 곳으로 돈이 몰려드는 것은 지극히 자연스러운 현상이기 때문이다. 특히 2주택 이상이 아닌 실제 거주하려는 집을 사려는 행위까지 그 가격이 높다고 해서 투기라고 매도해선 안 될 일이다. 만인에게 지탄을 받는 투기행위라면 다음과 같은 속성을 가지고 있어야 한다.

투기의 부정적인 속성
① 실제로 사용하지 않는 자산 투자
② 모험적·도박적인 자본 투자를 감행
③ 오직 양도차익이나 전매차익이 목적인 투자
④ 보유기간이 단기간인 투자

하지만 아파트 한 채로 내집마련을 하려는 사람들은 이런 속성과는 거리가 멀다. 집이란 인간의 행복을 구성하기 위한 필수재다. 실제로 우리나라는 1가구 1주택자에 대한 혜택이 매우 크다(9억 원 미만 주택 양도소득세 면제 및 9억 원 초과분도 장기보유특별공제 적용). 집이란 어차피 꼭 있어야 하는 것인데 자신의 능력에 맞는 집을 잘 선택하는 것은 그만큼 중요하다.

똘똘한 아파트 한 채 마련이 왜 투기가 아닌지 생각해보자. 첫째, 아파트 한 채는 '실제로 사용하지 않는 자산 투자'가 아니라 실제로 본인이 거주하는 집이다. 물론 여러 상황에 따라서 1가구 1주택임에도 본인의 집에 실거주하지 않는 경우도 있다. 그런 경우라면 이번에 정부가 발표한 12·16 대책에 따르면 1가구 1주택임에도 불구하고 향후 집을 팔 때 양도소득세를 본인이 거주한 기간에 대해 장기보유특별공제를 50%만 해주는 등 약간의 불이익이 생기도록 했다. 이것은 되도록 본인이 보유한 주택에 거주하라는 뜻이며 결국 실제로 거주하지 않을 집은 사지 말라는 뜻이기도 하다.

둘째로 지금은 내집마련을 위해 아파트를 사려는 사람들은 대출규제로 인해서 집값의 최소 60%는 자기자본을 가지고 집을 사고 있다. 이 정도라면 '모험적이거나 도박적인 자본 투자를 감행'한다고 보기는 어렵다. 지나치게 타인자본에 의지하는 자산 투자야말로 투기라고 볼 수 있는데 현재 아파트를 사려는 실수요자들은 그것이 아예 불가능하기 때문이다.

셋째로 아파트로 내집마련을 하려는 사람들이 '오직 양도차익이나 전매차익을 목적'으로 하고 있다고 볼 수 없다. 1가구 1주택 실수요자들이 보유하는 아파트를 보면 보통 10년에서 길게는 20년 이상을 보유한다. 그사이 소유한 집의 가격이 많이 오른다면 자산 가치가 크게 증가하겠지만 그 목적만으로 아파트를 사서 그토록 오랜 기간 그 집에 거주한다고 볼 수는 없다.

지금까지 이 책을 통해 왜 똘똘한 한 채를 가져야 하는지, 그것이 왜 꼭 아파트여야 하는지를 설명한 이유가 바로 여기에 있다. 지금 같은 부동산 규제정책은 앞으로도 계속될 가능성이 높다. 다시 말해 다주택자는 앞으로 매우 불리할 수밖에 없을 것이다. 그럴수록 똘똘한 아파트 한 채는 상대적으로 그 미래가치가 높아질 것이다. 바로 이 점이 당신이 여러 가지 난관에도 불구하고 똘똘한 아파트 한 채를 포기하지 말아야 하는 이유다. 똘똘한 아파트를 마련하는 일은 지극히 정상적인 인생설계의 한 부분이고 중요한 인생 투자라는 점을 꼭 기억하기 바란다.

이 책이 나오기까지 도와주신 원앤원북스 김효주 팀장님, 안대현 부장님, 사이다경제 김의현 대표님, 안민관 이사님, 오혜미 님, 이희진 님께 깊은 감사를 전하며 마지막으로 언제나 나 자신의 능력을 뛰어넘을 수 있는 힘을 주시는 하나님께 감사드린다.

이제는 똑똑한 아파트 한 채가 답이다

초판 1쇄 발행 2020년 2월 10일
초판 2쇄 발행 2020년 2월 17일
지은이 김경필
펴낸곳 원앤원북스
펴낸이 오운영
경영총괄 박종명
편집 김효주·최윤정·이광민·강혜지·이한나
마케팅 안대현·문준영
등록번호 제2018-000146호(2018년 1월 23일)
주소 04091 서울시 마포구 토정로 222 한국출판콘텐츠센터 319호(신수동)
전화 (02)719-7735 | **팩스** (02)719-7736
이메일 onobooks2018@naver.com | **블로그** blog.naver.com/onobooks2018
값 16,000원
ISBN 979-11-7043-054-4 03320

이 도서의 국립중앙도서관 출판예정도서목록(CIP)은 서지정보유통지원시스템 홈페이지(http://seoji.nl.go.kr)와
국가자료종합목록 구축시스템(http://kolis-net.nl.go.kr)에서 이용하실 수 있습니다.(CIP제어번호: CIP2020000891)